행복의
철학

행복의 형이상학

Alain
Badiou

Métaphysique
du bonheur réel

박성훈
옮김

민음사

행복의 형이상학

차례

일러두기

— 인명과 지명은 외래어 표기법을 따랐으며 일부 관례로 굳어진 것은 예외로 두었다.

— 주석은 모두 옮긴이 주이며, 미주로 표시했다.

— 행복에 관한 여러 정의들은 고딕으로 표시했으며, 「결론」에서 다시 볼 수 있다.

— 단행본은 『 』로, 개별 작품은 「 」로 표시했다.

서론

'실재적 행복의 형이상학'이라는 이 책의 제목'은 확실히 역설적이다. 무엇보다 철학의 과제를 식별하는 데 전념하며 결론에서는 철학에 관한 나의 개인적인 기획을 설명하는 책에 붙이기에는 말이다. 실제로 나의 주저를 일별하기만 해도, 나의 철학이 모든 다른 철학과 마찬가지로 겉보기에 매우 괴리된 여러 요소들로 구성되며 집합론, 헤이팅 대수에 기초한 집합 다발 이론, 큰 무한수들(grands infinis)의 이론같이 어쨌든 행복과는 거의 관련 없는 소재들의 유효한 작용으로 특징지어진다는 점을 분명히 알 수 있다. 나는 프랑스 혁명, 러시아 혁명, 중국 혁명, 로베스피에르, 레닌, 마오쩌둥 등 모두 악명

높은 공포 정치의 인장이 찍힌 소재들을 다룬다. 그 외에도 나는 매력적이기보다는 난해하다고 받아들여지는 다수의 시, 예를 들어 말라르메나 페소아, 월리스 스티븐스나 파울 첼란의 시에 의지한다. 또 나는 참된(vrai) 사랑의 예를 든다. 옛적부터 도덕주의자들이나 신중론자들은 사랑에서 유발되는 번뇌와 사랑의 덧없음이라는 진부한 사실을 들어, 사랑으로 행복에 이를 수 있을지 의심스럽다고 지적해 왔다. 게다가 내게 중요한 대가들, 데카르트나 파스칼, 헤겔이나 키르케고르는 적어도 처음 읽어서는 낙천적인 인물로 인정하기 어렵다. 이들 모두 평온한 삶과는 거의 관계가 없다. 평온한 삶이란 이를테면 일상적 만족을 주는 자잘한 보상들, 훌륭한 직업, 적당한 보수, 무쇠 같은 건강, 명랑한 부부 관계, 오래도록 기억에 남을 휴가, 유쾌한 친구들, 잘 갖춰진 집, 쾌적한 자동차, 마음을 녹이는 충성스러운 애완동물, 학교에서 문제를 일으키지 않으며 성적도 좋은 예쁜 아이들, 요컨대 보통 '행복'이라고 여기는 모든 편익들로 이루어진다.

나는 책 제목의 역설을 정당화하기 위해 통상 이론의 여지 없이 인정받는 대가들, 예컨대 플라톤이나 스피노자에 의지할 수 있으리라 생각한다.

첫째로 플라톤은 『국가』에서 진리들에 이르는 경로 전반의 필수 조건으로 장기간의 수학 교육과 변증법적 논리의 지속적 훈련을 든다. 그리고 지배적인 의견들에 순응하기를 그만두고 오로지 사유가 "분유하는(participe)"(이것은 플라톤의 말이다.) 진리들을 신뢰하는 것만이 행복에 이르는 유일한 길임을 증명한다. 수학과 논리와 행복의 관계는 전적으로 이 관계의 정합성을 보장하는 형이상학적 관점에 근거한다. 수학을 불가피한 전단계로 삼는 변증법(dialectique)[2]은 곧 이성과 논리에 따르는 사유의 운동이며, 이 운동은 원래 그 말의 의미에서 '형이상학적(méta-physique)'이라 평가될 수 있기 때문이다.(그것은 과학적 자연학(physique scientifique)으로 환원될 수 있는 것 너머에 이른다.) 다시 말해 수학에서 변증법으로, 그리고 변증법에서 행복에 이르는 귀결이 옳다면, 우리는 이러한 귀결에 대한 완전한 사유를 '형이상학적'이라 명명할 것이다. 그리고 행복은 진리들에 이르는 모든 통로를 가리키는 틀림없는 표지이며 따라서 그 이름에 걸맞은 삶의 실재적 목적이기에, 진리로 향하는 도정과 그 도정에 관한 완전한 성찰이 행복의 형이상학을 구성한다고 말할 수 있을 것이다.

둘째로 스피노자는 『에티카』[3]에서 수학이 없었다면 인간 동물은 영원히 무지에 머물렀을 것이라는 단언[4]으로 논의를 시작한다. 그러니까 수학이 아니라면 스피노자의 용어로 "적합한 관념(idée adéquate)"[5] 자체를 향한 통로가 결코 열리지 않을 것이라는 말이다. 그런데 적합한 관념에 대한 인간 지성의 내재적 분유는 스피노자가 "2종 인식"과 "3종 인식"이라 명명하는 두 가지 체계에 따라 이루어질 수 있다. 2종 인식은 증명이라는 고된 길을 따르되 논리를 소환하는 데 반해, 3종 인식은 "지성적 직관"에 따라 얻어진다. 3종 인식은 모든 논증 단계가 한 지점에 농축된 것과 같으며, 다른 길에서라면 연역될 법한 진리를 신 자신처럼, 즉 '전체' 안에서 무매개적으로 파악하는 길이다. 스피노자가 "미덕(vertu)"이라 명명하는 것은 3종 인식으로 접근할 수 있었기에 적합한 관념을 완전히 인식하는 데 이른 인간 주체의 상태이다.(플라톤이라면 이를 "정의"라 말했을 것이다.) 결국 행복(스피노자는 훨씬 강한 의미의 라틴어 "지복(至福, beatitudo)"을 쓴다.)은 참된 사유의 실천, 곧 미덕과 다름없는 것이다. "행복은 미덕의 보상이 아니라 미덕 그 자체이다." 달리 말해서 행복은 참(Vrai)의 정동(情動, affect)[6]으로, 수학이 없다면 실존하지 않으며 먼저 증명되지 않는다면 직관으로 농축될 수도 없다. 다시 한 번 수학과 논리는 지성적 직관을 통해 완벽하게 행복의 형이상학이라 명명될 수 있는 것을 구성한다.

요컨대 모든 철학은 일종의 행복의 형이상학이다. 그렇지 않다면, 아무리 복잡한 과학 지식이나 혁신적인 예술 작품이나 혁명적인 정치나 강렬한 사랑으로 지탱된다 하더라도, 철학에 드는 수고의 시간은 아무 가치도 없다. 증명, 사고의 일반 논리학, 형식론의 이해, 새로운 시에 대한 주의 깊은 독해, 위험한 대중 집회 참여, 보장 없는 사랑이라는 피하고 싶을 법한 시련이 사유와 삶에 부과되는 까닭이란 결국 이 모든 것이 참된 삶의 실존에 필수적이기 때문이 아니라면 과연 무엇이겠는가? 우리 철학자들은 랭보가 부재한다고 말한 참된 삶을 옹호하며, 그런 것은 절대로 존재하지 않는다고 주장하는 비(非)바보(non-dupe)[7]들의 그 모든 회의주의와 견유주의와 상대주의 그리고 무익한 빈정거림을 단호히 거부한다. 이 책은 이러한 확신에 관한 나 자신의 해설이며, 앞으로 네 차례로 나뉘어 전개될 것이다.

먼저 1장에서 나는 철학이 시대의 명령에 대답할 수 있다면, 오늘날 무엇이 철학의 관심사라 할 수 있는가에 대한 전반적인 결정에 착수한다. 달리 말해 나는 한 인간 주체가 철학으로 함양할 수 있는 단독적인 욕망을 뒷받침하는 근거들을 천명한다.(사실상 '함양해야 하는'이지만, 이는 다른 사안이다.) 나는 이러한 욕망을 단순하게 철학의 욕망이라 명명한다. 동시대의 제약들을 분석하면서 나는 오늘날 철학의 상황이 방어적이며, 철학으로 욕망을 지원할 보충적인 근거가 여기에 있음을 보인다. 이렇게 해서 나는 철학의 지지대가 실재적 행복의 가능성과 관련되는 근거들을 소묘한다.

2장에서 나는 무엇이 우리에게 그러한 철학의 욕망과 행복을 연결하도록 가르치는지 해명하기 위해 반철학을 이야기한다. 반철학이란 파스칼, 루소, 키르케고르, 니체, 비트겐슈타인, 라캉 같은 일군의 뛰어난 저술가들로 예시된다. 나의 테제는 이러하다. 이 반철학자들은 진리와 지복 안에 동시에 머무를 가능성에 대해 대체로 회의적이며, 중요한 가치를 지니지만 마찬가지로 헛된 희생이라는 관념에 이름에도, 우리의 고전주의가 철학의 주된 적수이자 따라서 행복의 주된 적수인 아카데미즘으로 전환되지 않도록 하는 데 필수적이라는 것이다. 아카데미적 담론을 식별하는 정동은 분명 지루함이다. 반철학자들은 우리에게 참된 가치를 갖는 모든 것은 지배적인 관념들을 평범하게 사용하거나 채택할 때가 아니라 세계의 진행 방향과 단절할 때 획득된다는 점을 가르친다. 이는 실존적으로 입증된 효과이다.

3장에서 나는 확신하는 마르크스주의자와 같은 근

대인이 언제나 철학자에게 건네는 질문을 끌어안는다. "당신의 추상적 궤변이 무슨 소용이란 말인가? 방에 앉아서 세계를 해석하기보다는 세계를 바꾸어야 한다." 그리하여 나는 '세계를 바꾼다'는 말이 의미하는 바가 무엇인지, 우리가 그렇게 할 수 있다고 가정할 때 요구되는 수단이 무엇인지 질문한다. 이 분석은 '어떻게 세계를 바꿀 것인가?'라는 질문에 대한 답의 실존과 실재적 행복의 연결은 주체적인 것이라는 점을 확증한다. '세계'와 '바꾸다'와 '어떻게'라는 낱말들의 깊은 의미를 사용하면서 밝혀지는 이러한 연결은 그러한 질문 안에 아무것도 없음을 증명하게 되며, 오히려 반대로 철학자를 당혹스럽게 하거나 쓸데없게 만든다.

　　마지막 4장은 가장 주체적인 부분이다. 관건은 철학의 전략들과 정동들의 국지적인 예를 제시하는 일이며, 이는 나의 철학적인 글쓰기 사유의 경로를 따르는 여정이다. 나는 진리와 행복 사이의 관계를 시야에서 놓치지 않으면서, 『주체의 이론(*Théorie du Sujet*)』(1982)에서 『존재와 사건(*L'être et l'événement*)』(1988)을 거쳐 『세계의 논리(*Logiques des mondes*)』(2006)에 이르는 내 앞선 작업의 단계들, 그러니까 다수적 존재(l'être-multiple), 사건, 진리들, 주체라는 근본적인 범주들의 배열을 정리한다. 다음으로 제시하는 보류된 문제들은 특히 주체가 하는 행위의 내재성에서 포착되며, 따라서 단독적인 진리의 행복을 모종의 '내부'로 구성하는 것에서 포착되는 '진리의 주체'에 관한 질문과 연결된다. 나는 앞으로 나올 『진리들의 내재성(*L'Immanence des vérités*)』이라는 제목의 새로운 책을 구성할 핵심 내용의 극심한 난해함을 숨기지 않으면서 앞으로 이어질 경로를 고지한다. 이는 본질적으로 유한과 무한 사이의 새로운 변증법의 무대이다. 이 책에서 행복은 유한성의 중단을 단언하는 경험으로 정의될 수 있다.

이 작은 책자에서 관건은 철학의 전략가가 모든 사람이 스스로 다음같이 말할 수 있는 길을 뚫는 일이다. "의견들에 반대하여, 당신이 상상하는 헛되고 보람 없는 실천과는 거리가 먼 몇몇 진리들을 위한 사유를 받아들여야 한다. 바로 그것이 참된 삶에 이르는 가장 가

까운 길이며, 참된 삶이란 실존할 때 비할 수 없는 행복

으로 나타나기 때문이다."

1 철학과
철학의 욕망

많은 독자들이 아는 그대로, 랭보는 "논리적 봉기(les revoltes logiques)"라는 기이한 표현을 쓴다.(랑시에르와 그의 친구들은 예전에 창간한 훌륭한 잡지에 같은 제목을 붙였다.) 철학이 바로 논리적 봉기와 같은 것이다. 철학이란 혁명의 욕망 그리고 합리성에 대한 요구의 결합이다. 실재적 행복은 있는 그대로의 세계와 정립된 의견들의 독재에 대항해 들고일어나기를 요구한다. 그리고 봉기의 충동만으로는 충동에 고정된 목표에 이르지 못하기에 합리성이 요구된다.

철학적 욕망은 분명 매우 일반적인 의미에서 사유의 영역에 속하는 혁명의 욕망이며, 집단적인 의미에서

만큼이나 개인적인 의미에서, 만족이라는 행복의 유사물과 구별되는 실재적 행복을 목적으로 삼는다. 진정한 철학은 추상적 실천이 아니다. 플라톤 이래 옛적부터 철학은 세계의 부정의에 대항해 일어선다. 그러나 철학은 언제나 논증의 당위를 지키는 운동 가운데에서 이 모든 것을 이루며, 결국 행복의 실재에서 행복의 유사물을 제거하는 동일한 운동 가운데에서 새로운 논리를 제시한다.

말라르메가 제시하는 경구는 "모든 사유는 주사위 던지기를 발한다."[8]라는 것이다. 나에게는 이 수수께끼 같은 표현이 또한 철학을 지칭한다고 여겨진다. 철학의 근본적인 욕망은 보편적인 것을 사유하고 실현하는 것이다. 무엇보다도 특히 그러한 욕망을 품는 까닭은 보편적이지 않은 행복이란 주체가 될 능력이 있는 모든 다른 인간 동물에 의해 행복이 분유될 가능성을 배제하며, 실재적 행복이 아니기 때문이다. 그러나 철학의 욕망은 필연성의 결과가 아니다. 그것은 예외 없이 도박, 곧 위험한 관여인 움직임 속에 있다. 사유의 관여에서 우연의 몫은 지울 수 없는 채로 남는다.

따라서 우리는 철학을 특징짓는 욕망의 네 가지 근본적인 차원이 있다는 착상을 시에서 끌어낸다. 특히 행복의 보편성을 향하는 것으로 나타나는 봉기의 차원, 논리의 차원, 보편성의 차원, 위험의 차원이 그것이다.

그리고 이것은 혁명의 욕망을 나타내는 일반적인 표현이 아니겠는가? 혁명가는 인민이 봉기하기를 바란다. 인민은 야만성과 격노가 아니라 유효하고 합리적인 방식에 따라 봉기해야 한다. 인민 봉기는 민족적이거나 인종적이거나 종교적인 정체성으로 폐쇄되지 않고, 국제적이며 보편적인 가치를 지녀야 한다. 끝으로 혁명가는 대체로 단 한 번뿐인 위험, 우연, 유리한 정세를 받아들인다. 봉기, 논리, 보편성, 위험. 이 네 가지 범주는 혁명의 욕망을 이루는 구성 요소이며, 또한 철학의 욕망을 이루는 구성 요소이다.

그런데 내 생각에 오늘날의 세계, 곧 '서구적' 세계라고 불리기도 하는 우리 세계는 그러한 욕망의 네 가지 차원에 강도 높은 부정적 압력을 행사하고 있다.

먼저 우리 세계는 부분적으로 봉기에 부적합하거

나 봉기를 전유할 수 없다. 봉기가 아예 없기 때문이 아니라, 이제 우리 세계가 가르치고 있고 가르치려 하는 것의 실현된 형태는 자유로운 세계 또는 자유(liberté)라는 구성적 가치를 지닌 세계이기 때문이다. 자유로운 세계에서 우리는 (급진적인 의미에서) 더 좋은 것을 원하거나 희망할 필요가 없다. 그러므로 이 세계는 (사람들이 고치려 애쓰는) 불완전한 결함으로 인해 내부적이며 내밀한 해방(libération)의 문턱에 이르렀다고 선언한다. 요컨대 행복에 관해서 세계에 더 나은 제안과 더 나은 보장을 기대할 수 있다고 말이다. 그러나 이러한 자유의 쟁점들은 표준화되는 동시에 상업화되기에, 세계가 제시하는 자유는 상품들의 유통망에서 마련된 것에 사로잡힌 자유이다. 그 결과 자유가 어떤 의미에서 세계에 의해 제시되는 이상, 세계는 자유를 위한 봉기라는 이념에 근본적으로 적합하지 않다.('자유를 위한 봉기'란 모든 봉기를 동일하게 의미화하는 오래되고 낡아 빠진 주제이다.) 더구나 자유가 상업적 생산의 무한한 광채 안에, 그리고 그러한 생산에 입각해 화폐의 추상을 제도화하는 어떤 것에 기입되거나 미리 기입되어 있는 이상, 세계는 우리가 자유의 자유로운 사용이라 명명할 수 있을 무언가에도 적합하지 않다.

바로 여기에 이 세계가 봉기들 또는 봉기의 가능성을 고려할 때 은밀하게 억압적이라 말할 수 있는 성향을 보이는 이유가 있다.

두 번째로 이 세계는 논리에 부적합하다. 의사소통(communication)[9]의 논리적 차원에 우선적으로 종속되는 까닭이다. 의사소통과 그 물질적 기구는 비정합성이 원칙인 이미지들, 언표들, 변설들, 논평들을 전달한다. 나날이 의사소통은 유통의 통제를 정립하는 방식으로 모든 관계와 원칙을 모종의 수용할 수 없는 병렬 상태로 해체하고, 의사소통에 실린 모든 원소들을 풀어 헤친다. 또한 의사소통은 우리에게 즉각적인 방식으로 기억 없는 광경을 제시한다. 그런 견지에서 볼 때 보다 본질적인 면에서 의사소통이 해체하는 것은 바로 시대의 논리라고 말할 수 있을 것이다.

바로 여기에 우리 세계가 그 일관성의 원칙에서 사

유에 강한 압력을 행사하며, 정해진 방식으로 사유에 모종의 상상적 분산을 제시한다고 주장하는 이유가 있다. 이때 우리가 보일 수 있는 것은, 실제로는 모든 사람들이 알고 있겠지만, 실재적 행복이 농축과 강화의 차원에 속하며 말라르메가 "모든 현실이 용해되는 이 파도의 고랑들"이라 지칭했던 어떤 것을 용인할 수 없다는 점이다.

세 번째로 이 세계는 보편적인 것에 부적합하다. 이는 두 가지 이유와 상관된다. 먼저 이 세계에서 보편성의 물질적 형식이 화폐의 추상 혹은 일반적 등가물이라는 점이다.[10] 다음으로 우리가 아는 그대로 이 세계는 전문화된 동시에 단편적이며, 생산상의 전문화라는 일반 논리와 자잘한 단편으로밖에 익힐 수 없는 지식들의 백과사전으로 조직된다는 점이다. 우리가 추상적인 동시에 화폐로 된 보편의 형식을 제시하며 이 형식 아래 전문적으로 단편화된 현실을 매몰시키는 이상, 이 세계는 철학의 의미에서 보편이라는 주제에 강한 압력을 행사한다. 이 세계의 '행복'은 정해진 집단들 그리고 서로 경쟁하는 개인들에게 예약되어 있다 해도 과언이 아니다. 그들은 전혀 혜택을 입지 못하는 많은 사람들에 맞서 물려받은 특권인 행복을 지키는 일을 소홀히 하지 않는다.

그리고 마지막으로 이 세계는 도박에, 우연적인 결단에 적합하지 않다. 누구도 자기 실존을 우연에 맡길 수단이 없는 세계이기 때문이다. 있는 그대로의 세계는 안전을 계산할 필요성이 지배하는 세계이다. 이런 측면에서 교육이 직업 안정성의 계산을 체계화하고 고용 시장의 경향에 적응할 필요성을 더욱더 높이는 방식으로 조직된다는 사실보다 충격적인 것은 없다. 우연한 결단이란 안정성을 보다 빨리 계산하기 위해 반드시 제거되고 금지되어야 한다고 아주 일찍부터 가르쳐지지만, 이러한 안정성은 실로 무엇보다 불확실하다는 것이 밝혀진다. 우리 세계는 이 의심스러운 안정을 세심히 의무적으로 계산하는 일에 삶을 넘기고, 계산에 따라 실존의 연속적인 시퀀스들을 정돈한다. 그런데 실재적 행복이 계산 불가능하다는 점을 모르는 자는 누구란 말인가?

나는 그러므로 실존의 혁명이라는 철학의 욕망이 혁명, 논리, 보편성 그리고 도박을 맺는 매듭이라 생각할 때, 그 욕망이 동시대 세계에서 네 가지 주요한 장애물의 불가피한 압력에 직면한다고 말할 것이다. 즉 상품의 지배, 의사소통의 지배, 화폐의 보편성 그리고 생산적·기술적 전문화라는 네 장애물은 모두 개인적 안전의 계산과 주체적으로 연결되며, 그 목표는 참된 삶 또는 행복이라는 필연적인 이상을 소비의 만족이라는 유사물로 격하하는 것이다.

　철학은 그러한 도전에 어떻게 응수할 것인가? 철학은 응수할 수 있는가? 철학에는 그럴 능력이 있는가?

　개략적인 대답을 내놓기 위해서 세계의 철학적 상황을 완전하게 단순화하도록 하자. 그럼으로써 우리는 세 가지 중요한 흐름을 구별할 것이다.

　우선 현상학과 해석학의 흐름이 있다. 독일 낭만주의까지 거슬러 올라가는 이 흐름에서 오늘날 넓은 의미로 중요한 이름은 하이데거와 가다머이다. 두 번째로 비트겐슈타인이나 카르나프(Rudolf Carnap)와 함께 빈 서

클[II]을 기원으로 하는 분석적 흐름이 있는데, 이는 오늘날 영미권 대학 철학 전체를 주도하고 있다. 그리고 다른 두 흐름에서 자원을 끌어오는 포스트근대적 흐름이 있다. 이 세 번째 흐름은 확실히 프랑스에서 가장 활성적이며, 또한 자크 데리다나 장프랑수아 리오타르와 결부된다. 물론 위 세 가지 근본적인 정향의 내부에 셀 수 없이 많은 혼합과 교차와 매듭과 공통부분이 있지만, 나는 이 세 가지가 현행 정세에 관한 모종의 수용 가능한 지도에 밑그림이 된다고 믿는다. 우리가 관심을 두게 될 문제는 각각의 흐름이 어떤 방식으로 철학의 욕망을, 그리고 현실 세계 내에서 있을 수 있는 그 창조적 효과들을 나타내거나 확인하느냐는 것이다. 그러므로 각각의 흐름에서 명시적으로든 잠재적으로든 참된 삶의 정의가 무엇인지 다룰 것인데, 거기에서 **실재적 행복은 참된 삶의 정동이다.**

해석학적 흐름은 철학의 목표로 실존과 사유의 의미를 해독하는 작업을 지정하며, 그 중심 개념은 해석이라 할 수 있다. 의미가 모호한, 잠복하는, 감춰진, 가려진, 드러나지 않은 말들, 행위들, 윤곽들, 역사적 운명들이 있다. 해석이라는 방법이 시도하는 것은 이 모호함의 해명이고, 존재 자체의 운명과 관련된 우리의 운명을 나타내는 시원적 의미가 도래하게 하는 일이다. 핵심적인 작용소(opérateur)[12]가 해석이라면, 명백히 관건은 최초에 뚜렷하지 않았던 의미를 드러내거나 그리로 향하는 것이다. 해석학 계통의 철학에서 가장 중요한 대립은 닫힌 것과 열린 것의 궁극적 대립이다. 철학의 운명은 잠복하는 의미를 열림에 붙잡아 두는 것, 이에 따라 닫힘에 박혀 들어간 의미에서 사유를 뽑아내는 것, 의미에서 잠재성과 모호함을 치워 버리는 것이다. 사유에서 혁명의 욕망은 해명에 대한 욕망이다. 그리고 실재적 행복은 '열림'의 주체적 형상이다.

분석적 흐름이 철학에 지정하는 목표는 의미를 가진 언표 혹은 의미가 부여된 언표와 의미가 없는 언표 사이, 말할 수 있는 것과 말할 수 없는 것 사이, 공유된 의미에 관해 합의할 수 있는 것과 합의할 수 없는 것 사이에 엄격한 경계를 획정하는 것이다. 분석적 흐름에서 주요 수단은 해석이 아니라 언표들 자체의 문법적·논리적 분석이며, 이는 달리 보자면 분석적 흐름이 대체로 논리학의 유산을 비롯한 수학의 논리적 형식에 의지했던 이유이다. 관건은 언어의 법칙과 표현 수단에 관한 교육이며, 주요 개념은 규칙이다. 의미에 관한 규약을 인가하는 규칙을 추출하는 일과 같은 것이 결국 철학적 활동의 본질적 목적이다. 그리고 가장 중요한 대립은 닫힌 것과 열린 것의 대립이 아니라 규칙에 맞는 것과 규칙에 맞지 않는 것 사이, 인정된 법칙에 따르는 것과 규칙에 입각해 확인할 수 있는 모든 법칙에서 감산[13]되기에 필연적으로 환상이자 불일치로 파악되는 것 사이의 대립이라 말할 수 있다. 이런 관점에서 철학의 목표는 치료법이자 비판이다. 우리를 나누는 환상을, 의견의 분열과 대립을 만드는 무의미를 제거해야 한다. 사유에서 혁명의 욕망은 의미에 관한 민주주의적 분유에 대한 욕망이다. 그리고 실재적 행복은 민주주의의 정동이다.

마지막으로 포스트근대적 흐름은 철학의 목표로 우리가 근대로부터 받아들인 명증성을 해체하는 작업을 지정한다. 이 흐름에서는 잠복하는 의미가 나타나게 하는 일이나 의미와 무의미의 경계를 긋는 일은 관건이 아니다. 중요한 것은 동일한 의미의 문제가 달리 배치되어야 한다는 점을 보이는 일이다. 이를 위해서는 이전에 쓰였던 의미의 윤곽을 해체하고, 특히 19세기와 그 이전의 위대한 구축물인 역사적 주체의 이념, 진보의 이념, 혁명의 이념, 인류의 이념을 와해시켜야 한다. 그리고 사유에, 또한 마찬가지로 행위에 언어들과 그 사용 영역들의 환원 불가능한 복수성(pluralité)이 내재한다는 점을 보여야 한다. 곧 의미를 전체화하는 문제 틀로 의미가 흡수되거나 통합되지 않도록 하는 복수성이 핵심이다. 포스트근대적 사유의 목표는 전체성(totalité) 관념의 해체이며, 이를 통해 철학 자체가 의문에 붙여지고 불안정해진다. 그 결과 포스트근대적 흐름은 혼합되거나 불순한 실천들이라 지칭할 수 있는 것을 오히려 활성화하려 한다. 사유를 가장자리나 여백에, 또는 문장의 삽입구에 위치시키는 것이다. 무엇보다 포스트근대적 흐름은 철학적 사유의 유산을, 예술의 운명에 사유를 구속하는 장치 안에 집어넣는다. 혁명의 욕망은 결국 새로운 삶의 형식들을 창안하고자 하는 욕망이다. 그리고 실재적 행복은 이러한 형식들의 향유(jouissance)와 다름없다.

그리하여 지금 우리의 관심을 끄는 것은 이 세 가지 지배적 정향에 공통적인 특성이 있는지 묻는 일이다. 우리의 질문은, 이 정향들이 철학의 욕망에 대한 세계의 저항을 드러낸다는 면에서 볼 때, 이러저러한 사항에서 유사하거나 비교될 수 있는 경로를 차용하지 않느냐는 것이다.

우선 매우 중요한 부정적 특징이 있다. 이 세 가지 흐름은 적어도 고전적인 의미에서, 혹은 하이데거가 말한 그대로 철학의 운명이라는 의미에서 형이상학의 종말을 언명하며, 따라서 철학 자체의 종말을 언명하는 셈이다. 하이데거에게 형이상학의 역사는 종언을 맞는다. 철학은 형이상학이라는 요소로 인해 앞으로 더 나아갈 수 없는 처지에 있다. 그리고 그러한 종언은 또한 존재와 사유의 역사에서 한 시대 전체의 종언이기도 하다. 마찬가지로 '진리 탐구'라는 전통적인 정의로 고전 철학을 조직했던 진리의 이상(idéal)은 의미의 복수성이라는 관념으로 대체된다고 말할 수 있다. 내가 깊이 확신하는 것은 철학의 현실적인 통로가 진리와 의미의 문제 사이의 결정적인 대립을 중심에 두고 조직된다는 점이다. 진리가 고전 철학(혹은 이편이 낫다면, 형이상학)의 중심 범주라면, 의미의 문제는 바로 진리라는 고전적인 문제가 종결될 경우 근대성에 일어나는 문제라 할 수 있겠다.

해석학적 흐름에서 진리는 형이상학적 범주이다. 이는 존재의 운명적 의미라는 지향에서 드러난다. 세계는 그 어떤 초월적인 것도 위로 돌출될 수 없는 해석들의 교착으로 구성되어 있다. 장차 도래할 열림의 지배는 참된 이념으로 재현되었던 추상적 일의성에서 우리를 구원할 것이다.

분석적 흐름에서 '진리 탐구'라는 큰 그림의 제시를 포기해야 한다는 점은 명확하다. 유일한 출발점은 언표들의 배치이다. 의미 자체는 지시 관계의 문법에 관련된다. 의미를 무의미에서 구별하려면 언제나 우리에게 작용하는 규칙들의 영역에 의거해야 한다. 결과적으로 여러 의미들 또는 여러 의미의 체제들이 있으며 이것들은 서로 비교될 수 없는데, 비트겐슈타인이 명명했던 언어 게임이 바로 그러한 것이다. 언어 게임의 복수성은 진리의 영향 아래 놓인 투명한 기억이라는 관념과 명백히 반대된다.

마지막으로 포스트근대적 흐름은 전통적인 진리들의 받침대 혹은 진리가 있게 하는 무엇을, 곧 철학이 전통적으로 주체라는 이름을 부여했던 것을 해체한다. 주체 범주가 형이상학의 산물인 이상, 포스트근대적 흐름의 본질적인 중심축은 이를 해체하는 것이라 할 수 있다. 그러므로 진리를 위해 또는 진리로 인해 존재하는 주체, 진리에 따른 또는 진리에 필수적인 주체는 없다. 오로지 일어남들, 사태들, 괴리적으로 도래하는 것들이 있을 뿐이며, 이러한 괴리적인 사태들을 받아들이기 위한 그 자체로 이질적인 종류의 담론들이 주어진다.

결국 해석과 분석과 포스트근대성은 근대성의 상징인 개방적이며 복수적인 의미와 형이상학적이며 케케묵은 것이자 '전체주의적인' 것으로 간주되는 일의적 진리 사이에서 삼중의 대립을 구성한다. 바로 여기에 공통의 부정적 특징이 있다.

그럼에도 긍정적인 측면에서 또한 매우 놀라운 공통적 특징이 있다. 바로 언어의 핵심적 중요성이다. 앞에 제시된 세 가지 흐름의 구도를 가로질러, 그리고 그 안에서 과연 서구 철학의 중대한 언어적 전회라 지칭할 만한 것이 등장한다. 언어를 중심에 두는 장소는, 세 가지 흐름 안에서 다시 한 번 분화된 방식으로 조직되거나 배치되겠지만, 가장 확연한 공통 특징일 것이다. 해석학적 흐름에서 분명히 해석, 곧 해석적 활동은 우선적으로 발화(parole) 행위와 의미 전달 행위에 입각해 실행되며, 언어는 최종적으로 열림의 문제가 작동하는 장소 자체이다. 다른 어느 곳도 아닌 그곳, 바로 "발화로 가는 경로"(해석의 체제에 따라 이해되기 이전의 '발화')에서 사유에 대한 우리의 배치(disposition)가 완성된다. 분석적 흐름에서 일차적인 질료는 언표들로, 요컨대 철학은 규칙의 힘에 따라 일반화된 일종의 문법이며 주어지는 것은 문장, 단편 혹은 담론의 종류들이다. 끝으로 포스트

근대적 해체는 형이상학적 추상들의 안정성에 반하고
자 하는 언어적·문자적 활동이다. 그러므로 세 가지 흐
름이 언어의 문제를 철학 자체의 절대적 중심에 위치시
키며, 말하기와 글쓰기의 대립 아래 해석·규칙·해체를
관건으로 삼는 이상, 결국 언어는 우리 시대의 중대한
역사적 선험성이라 지칭할 법한 것으로 즉위하기에 이
른다. 따라서 간단히 말하자면, 동시대 철학은 그 주된
성향에서 다음의 두 가지 공리를 지지하며, 이것이 동시
대 철학의 구성적 논리라고 할 수 있다.

첫 번째 공리: 진리의 형이상학은 불가능해졌다.

두 번째 공리: 언어는 사유의 결정적 장소인데, 사
유에서 관건은 의미의 문제이기 때문이다.

이 두 공리는 각각의 방식으로 오늘날 철학적 문제
의 본질적인 통로가 되는 대립, 이를테면 의미와 진리의
관계를 조직한다.

이로부터 나 자신의 입장에 이르기 위해서 나는 진
리의 형이상학의 불가능성과 언어 문제의 구성적 특성
을 말하는 이 두 개의 공리에 큰 위험이 있다는 점을 이

야기할 것이다. 다시 말해 세계가 철학의 고유한 욕망에 행사하는 압력에 직면한 오늘날, 이 공리들을 따른다면 철학은 그 자체의 욕망을 지탱하지 못할 위험이 있다. 모든 혁명적 미덕을 타락시키며, 또한 참된 삶이라는 동기와 이에 따르는 행복이라는 동기를 포기하고, 오로지 개인주의와 정체성에 따르는 만족의 교설을 택할 위험이다.

만일 철학의 핵심이 언어를 숙고하는 일이라면, 그리고 철학이 언어 게임들과 그 문법적 규약화의 복수성에 빠지게 된다면, 철학은 세계가 전문화와 단편화와 추상화를 통해 보편성에 맞세우는 장애를 제거하지 못할 것이다. 왜냐하면 공동체들과 활동들만큼이나 많은 언어들이 있기 때문이다. 언어 게임은 사실상 세계의 법칙이며, 사람들은 이 게임들 간의 소통이 얼마나 어려운지 알고 있다. 그러나 언어 게임이 우리 세계의 법칙일 때, 철학이 세계의 법칙에 맞서 사유에 혁명을 제시하는 경우 정확히 이 게임들에서는 철학적 명령을 형성하는 일이 금지된다. 그렇지 않다면, 어쩌면 이편이 더 나쁠 수도 있는데, 철학이 이러한 언어의 우위에 빠질 경우 특정한 언어가 철학을 구원할 유일한 언어로 지정된다. 우리가 아는 그대로 하이데거는 바로 이 길로 접어들어, 독일어 자체에 열림을 위한 피난처를 제공하는 능력이 있다고, 따라서 독일어가 그리스어를 계승하는 언어라고 언명한다. 그러나 언어 게임과 그 규칙들의 복수성에 빠지거나, 단독적인 언어의 철저한 특권을 의미의 진정성을 간직하는 무언가로 언명할 때 우리는 보편적인 것에 대한 철학의 소명에 오늘날의 세계가 제기하는 도전에 응대할 수 없게 된다.

『크라튈로스』편[14]의 플라톤 이래, 철학은 말이 아니라 할 수 있는 한 사물 자체에서 출발해야 한다고 언명되었다. 내가 믿기로 이는 실제로 시간을 가로지르는 철학의 명령이며, 모든 문제는 바로 우리가 어떤 방식으로 언어가 아니라 사물 자체에서 시작할 수 있는지 아는 것이다. 분석 철학은 과학적 유형의 언어들, 말하자면 가장 직접적으로 논리적 규칙들을 전유할 수 있었던 언어들에 일방적인 특권을 부여했다. 과학적 유형의 언어들은 의미의 경계를 지정하는 패러다임이 되었다. 잘 알려진 것처럼 과학적 언어들에서는 규칙이 명시되지만, 대다수의 다른 언어들에서는 규칙이 암시된 채로 남는다는 이유 때문이다. 그러나 일방적인 패러다임이 될 특권을 가진, 규칙을 명시하는 언어들은 우리가 보편성에 제기하는 도전을 제지하는데, 이는 그 무엇도 보편성이 규칙들의 명시적인 성격에 필연적으로 수반됨을 '선험적으로(a priori)' 알려 주지 않는 까닭이다. 규칙들에 필연적으로 보편성이 수반된다는 사안은 그 자체로 증명되어야 한다. 규칙이 의미의 경계 획정이라는 문제를 지배한다고 해서 증명이 이루어지는 것은 아니다.

게다가 진리의 범주가 폐기되거나 작동하지 않는다면, 철학은 상업적 유통이나 의사소통의 비논리성에 종속된 실존의 도전에 응전할 수 없을 것이다. 어려운 문제가 있긴 하지만 내가 깊이 확신하는 바, 상업적 유통의 무한한 광채에 대해, 그리고 이런 종류의 욕망이 예속된 유연한 복수성에 대해 우리가 맞세울 수 있는 것은 오직 무조건적인 욕구의 정지점(point d'arrêt)뿐이기 때문이다.[15] 이 세계에서 조건 아래 있는 모든 것은 대상, 화폐, 이미지의 유통이라는 법칙 아래에 있다. 그리고 이러한 유통 원칙의 중단은 오로지 무조건적인 정지점이 있음을 우리가 표명하거나 수용할 수 있을 때에만 부과될 수 있다. 다시 말해 대상, 화폐, 이미지의 유통에 대해, 또 이기적인 동시에 무지한 주체성에 대해 절대적으로 적대적인 전략적 이념(Idée)이 있음을 표명하거나 수용해야 한다. 내 생각에 이것이 동시대 철학의 급진적인 요청이자 실재적 행복을 향해 가는 길의 일차적인 조건이다. 이 전략적 이념은 두 세기 동안 공산주의 이념이라고 지칭되었으나, 어떤 판단이라도 내리기에는 너무나 짧았던 20세기의 수십 년 동안에 구체화된 영웅적·비극적 경험에도 불구하고 우리는 그 힘을 겨우 감지하게 된 데 지나지 않는다. 적어도 상업적 질서의 선전자가 되라는 무한한 압박을 받지 않는 자라면 누구라도 말이다.

그러나 보다 추상적인 층위 혹은 적어도 직접적으로 정치적인 층위에서, 내 생각에 이미지와 논평들을 구성하는 미디어나 의사소통의 비일관성에 대해서는 적어도 몇몇 진리들이 실존한다는 테제만을 맞세울 수 있다. 유통되는 주어진 것의 반짝이는 표면 아래에서 이러한 진리들을 끈기 있게 탐구하는 일은 철학이 스스로 의사소통의 비일관성에 끌려들어 분열되기를 원하지 않는다면 반드시 따라야 할 명령이다.

나는 마지막으로 다음과 같은 문제를 제기하려 한다. 진리나 이념 또는 가치, 곧 최소한의 고정점(un point fixe)[16]의 이름이 아니라면, 어떤 의미에서 실존을 단언하며(parier),[17] 개인적 안전의 계산이라는 명령에서 빠져나오며, 일상적 의례에 맞서 주사위를 던지며, 우연한 무언가에 자신을 노출할 것인가? 그리고 이렇게 지탱하는 지점이 없다면, 그것이 무엇이건 주체의 행복에 관한 유적(générique)[18] 형식을 어떻게 상상할 것인가? 실존이 그 고유한 새로움에 관여하게 하는 도박이나 우연의 일어남에 직면해, 어떤 고정점을 피난처와 지지대로 보유하는 것은 필연적이며 불가피한 일이다. 오늘날의 세계가 내세우는 네 가지 장애(상품, 의사소통, 화폐의 추상, 안전에 대한 집착)에 맞서 철학적 욕망의 네 가지 차원(봉기, 논리, 보편성, 단언(pari))을 주장하기 위해 우리에게는 분석, 해석학, 포스트근대라는 철학의 세 가지 지배적 정향을 향한 열정을 가라앉히라는 요구가 부과될 수 있다. 실제로 이 세 가지 선택지에는, 있는 그대로의 세계와 너무나 잘 어울리는, 세계의 외양을 지나치게 그대로 반영하는 무언가가 있다. 이 세 가지 선택지에 끌려들어 이에 따라 조직될 때 철학은 이 세계의 법칙을 지지하고 받아들이며, 궁극적으로 이 세계의 법칙이 철학적 욕망의 소멸을 요구한다는 점을 고려하지 않게 될 것이다.

따라서 나의 주장은 그러한 사유의 틀들을 깨고, 새롭게 일신된 윤곽에서 하나의 양식을 찾아내야 한다는 것이다. 해석의 길이나 문법적 분석의 길이 아니며, 경계나 다의성이나 해체의 길도 아닌 철학의 길을 구성해야 한다. 예컨대 데카르트가 정초한 철학적·고전적 양식과 같은 예의 지도를 받아 하나의 분명하고 정초적인 철학적 양식을 찾아내는 작업이 관건이다. 물론 이 개론서에서는 가령 세계의 도전을 견뎌 내며 그 자체에 고유한 욕망의 급진성을 보존할 철학의 전개에 관한 일차적인 개괄만을 제시하더라도 문제는 없을 것이다. 그러한 전개에 관해서라면 나의 주된 철학 저술인 『존재와 사건』과 『세계의 논리』 혹은 이 두 책의 요약본인 『철학을 위한 선언(Manifesto pour la philosophie)』과 『철학을 위한 두 번째 선언(Second manifesto pour la philosophie)』을 읽어야 할 것이다. 어쨌든 나는 이 책에서 두 가지 정향 혹은 주제를 제시하려 한다.

첫째, 언어가 사유의 절대적 지평이 아니라는 주장을 제시할 것이다. 분명히 언어, 곧 국어나 한 지역의 말은 언제나 철학의 역사적인 몸이다. 언어의 지평을 반영하는 단독적인 육화의 형상, 어조나 특색이 있다. 그러나 우리는 사유로서 철학의 구성이 철학의 활동과 관련한 언어적 규칙에 직접적으로 종속되지 않는다고 말할 것이다. 그리고 이런 면에서, 철학이 보편적으로 전달될 수 있다는 이념을 복원할 것이다. 보편적인 전달성의 이념은 라캉에 의해 수학소(mathème)의 이념이라 명명된 바 있다. 이를 여기에서 언급된 내용에 전유해 보자. 보편적인 전달의 이상형이 보존되는 이상, 우리는 철학의 이상형이 실제로 수학소여야만 한다고 언명할 것이다. 수학소는 모두에게 전해지는데, 보편적으로 전달 가능하고, 언어적 공동체들과 언어 게임들의 이질성을 가로지르며, 결코 아무것도 특권화하지 않으며, 언어적 공동체들에 딸린 실천들의 복수성을 인정하지만 그 자체로 이 다수성을 관통하거나 그 안에 자리 잡지 않는다. 수학소는 또한 과학적 언어의 형식적 이상에 동조하지 않으며, 보편성의 고유한 형상을 그 자체의 요소로 구축할 것이다.

둘째, 철학 자체의 환원 불가능하며 단독적인 역할이 담론 안에 어떤 고정점을 정립하는 일이라고 주장할 것이다. 보다 정확히 말해 철학의 역할은 고정점을 위한 이름 혹은 범주를 찾거나 제시하는 것이다. 나의 고유한 철학적 배치에서 나는 '진리'라는 오래된 단어를 답습하지만, 이 단어는 별로 중요하지 않으며 오히려 중요한 것은 어떠한 철학적 명제라도 이런 종류의 무조건적인 무언가를 정립할 능력이 있다는 점이다. 우리의 세계는 속도와 비정합성으로 특징지어진다. 철학은 이러한 속도와 비정합성에 대한 모종의 중단 또는 휴지를 통해 우리가 이것은 좋고 저것은 좋지 않다고 말할 수 있게 하는 것이어야 하며, 그렇게 말할 수 있게 될 계기는 예외 없이 다가온다. 사람들이 이것은 좋고 저것은 좋지 않다고 말할 수 있게 하는 지점을 정립하는 것이 바로 철학에 어느 때보다 더 필수적인 문제이다. 그러므로 우리는 복원이나 복고주의 없이 근대적 사건성의 시련을 견디며 진리의 범주, 그리고 이에 따라 주체의 범주를 철학적으로 재구성해야 한다. 이 과정의 귀결에서 관건은 고정점의 사유를 인가하는 범주적 요소에서 형이상학의 복원이 아니라 철학 자체의 재정의 또는 재편을 실행하는 일이다.

정말 중요한 것은 이 조건들에서 철학이 사유의 속도를 늦추고 그 고유한 시간을 정립할 소명을 맡아야 한다는 것이다. 오늘날의 경향들 속에서 철학은 세계의 속도를 따라가느라 완전히 지쳐 버린다. 철학이 포로로 사로잡힌 근대의 시간은 단속적인 동시에 분절되고 빠르게 흐른다. 철학의 소명은 할 수 있는 한 여유를 얻을 시간, 이를테면 완만히 탐구와 건축술을 펼칠 시간을 얻기 위한 사유를 정립하는 것이다. 이렇듯 고유한 시간을 건축하는 일은 내 생각에 오늘날 철학에 요구될 수 있는 양식(style)의 주된 요소이다. 덧붙여 가장 평범한 경험이 우리에게 도움이 된다. 시간의 주인이 되는 것은 오래전부터 행복의 조건 아니었는가? 주인들이 언제나 지배받는 자들의 무리에게 거부당하는 이유가 그것 아닌가? 공산주의가 인간에게서 제거해야 한다고 주장하는 임금제는 바로 이질적인 시간의 폭력적 부과라는 점에서 언제나 불행의 조건으로 재현되지 않았는가? 노동자 봉기는 어김없이 출근표와 점검기, 통제 장치, 작업 속도를 문제 삼지 않았던가? 완전한 실재적 행복은 시간의 해방을 전제한다.

동시대의 여러 흐름 중에서도 해석학적 흐름과 또한 포스트근대적 흐름에서는 철학적 담론을 단편적으로 배열하는 일을 장려하거나 그에 찬사를 보낸다. 이는 특히 니체의 모델에 뿌리내리고 있다. 내 생각으로는 정황이나 시의적절함이라는 근거하에, 요컨대 세계가 우리에게 강하게 요구하므로, 철학에서 연속성의 원칙을 복구해야 한다. 실제로 단편이란 본질상 철학적 담론이 맹목적으로 세계 자체의 단편화에 종속되는 양상이다. 이 세계는 그처럼 특정한 방식을 통해 단편적인 분절화를 가로질러 통화적·상업적 추상만을 유일한 연속성의 원칙으로 삼게 한다. 그러므로 철학은 반드시 그 자체의 고유한 느림을 펼치며 사유의 연속성을 회복해야 한다. 사유를 토대 지을 결단의 원칙과 사유를 연결할 이성적인 시간을 말이다.

이제 분명 위험에 처한 철학이 우리가 처음에 이야기한 도전을 감당할 가능성이 있는지, 그 자체의 욕망을 유지할 가능성이 있는지 자문해 보자. 철학이 병이라는 것은 의심의 여지가 없다. 철학에 가해진 타격은 언제나 그랬듯이 내부적 난점들과 상관된다. 내가 제시할 수 있는 낙관주의의 근거는 바로 이런 것이다. 어떤 의미에서 우리가 이야기한 것보다 훨씬 더 병들었다고 그 자신이 언명하기를 마지않는 이 병, 자신의 임박한 죽음을 알리며 또한 이미 도래한 자신의 죽음을 알리는 이 병에 오늘날의 세계(적어도 세계의 일부)는 불분명한 압력을 행사해 이 병의 욕망을 분쇄하는 동시에 역설적으로 살아 있기를 요구한다. 언제나 그랬듯 세계의 의미 작용은 다의적이다. 부분적으로 유통과 의사소통과 안전의 일반적 체계는 철학의 욕망을 약화하는 방향을 향한다. 하지만 역설적이게도 세계는 그 자체의 내부에서 마치 허투루 그러듯, 막연히 철학의 가능성과 관련한 요구를 만들어 내며 그것을 조직한다. 왜 그러한가?

일단 그 자체로 고유한 사유의 자율성 속에서 증대하는 확신이 있다. 분과적 배치나 욕망의 단독적 본성에 관해, 인문 과학이 철학을 대체하지 못하며 앞으로도 그럴 수 없으리라는 확신 말이다. 과학의 이상을 규범으로 삼는 사회학, 경제학, 정치학, 언어학, '과학적' 심리학, 정신 분석을 포섭하는 모종의 일반 인간학이 철학을 대체할 수 있다는 관념이 철학의 종언(fin)이라는 주제와 관련된 한 가지 형상으로, 또 철학의 완성(fin)에 이르렀음을 말하는 한 가지 방식으로 널리 유포되었던 시절이 있다. 나는 인문 과학들이 통계적 수단과 일반적 배치의 장소로 동원되며, 실상 단독적인 것을 다루거나 사유를 통해 단독성에 접근하는 길을 막는 현상이 지금 나타나고 있다고 믿는다. 그러나 단독성은 잘 숙고해 보면 언제나 결단의 진원지가 발견되는 바로 그곳이며, 모든 진정한 결단은 결국 단독적인 결단이다. 정확하게 말해서 일반적인 결단이란 없다. 하나의 진리를 약속하는 것, 하나의 진리에 관여하는 것, 하나의 고정점 위에 지탱되는 것이 결단의 영역에 속하는 이상 그것은 또한 언제나 단독성의 영역에 속한다. 그러므로 오늘날 단독성의 철학을 표명할 수 있느냐는 물음이 있으며, 같은 의미에서 결단과 도박의 철학이 존재할 수 있느냐는 물음이 있다고 할 수 있을 것이다.

둘째로 중요한 집단적 주체들은 저마다 실로 몰락을 인식했으며, 그로써 다시 한 번 사유의 몰락을 인식했다. 관건은 주체들이 실존했는지, 실존하는지, 혹은 실존할 것인지 아는 문제가 아니라, 오늘날 집단적 주체를 파악할 수 있는 주요 범주들이 포화되어 사유에 진정 활기를 불어넣을 능력을 상실한 것처럼 보인다는 점이다. 따라서 중요한 것은 인류의 역사적 진보를 나타내는 인물들 또는 프롤레타리아 같은 주요 계급의 주체들이고, 이들은 대상적 실체로 이해된다. 새로운 진리가 돌발해서 각자에게 요구하는 것에 응답해야 할 때도 마찬가지로 그러한 대상적 실체가 각자를 소환한다. 그러나 자기 고유명으로 결단하고 말해야 할 필요성은, 특히 문제가 정치적일 때, 결단을 위해 하나의 고정점, 무조건적인 원칙, 시원적 결단을 지지하며 보편화하는 각자에게 공유된 이념을 몫으로 요구한다. 저마다 자기 고유명으로, 하지만 자기 말과는 다른 말들로 조직된 몫에 열린 채로 이것은 참이고 저것은 거짓이며 이것은 선이고 저것은 악이라고 발언할 수 있어야 한다. 그러니까 우리에게 단독성의 철학이 필요하다면, 바로 그런 의미에서 또한 진리의 철학이 필요하다.

셋째로 우리는 지금 공동체적 열정, 종교적 열정, 인종주의적 열정, 민족주의적 열정의 확장을 목격하고 있다. 이러한 열정의 확장은 명백히 집단적 주체의 합리

적 윤곽이 파괴되었음을 나타낸다. 그러한 합리적 윤곽
이 동요하고 붕괴하면서, 공산주의적 이념의 잠정적이
지만 슬픈 부재로부터 일종의 모호한 용기(容器)가 다시
표면으로 떠오르는 현상이다. 교환 가능한 전체성들을
상상적인 것으로 만드는 이 같은 귀결은 바로 자기 이
름으로 발언하거나 결단해야 한다는 요구를 회피하고,
경계선 긋기와 배제와 적대의 규약에 따라 케케묵은 주
체들에 의지하려 애쓰는 것이며, 이러한 주체들의 복귀
는 점점 더 불길하게 다가온다. 이러한 견지에서 볼 때
철학은 분명히 그 자체를 지탱할 고정점 혹은 무조건적
인 것에 합리적인 형상을 부여해야 하며, 집단적인 역사
의 운명을 이루는 과거의 합리적 윤곽으로부터 이탈한
다 해서 사유의 합리적 일관성이라는 미덕을 버려야 하
는 것은 아님을 증명하라는 요구를 받게 된다. 그러므로
철학은 또한 일신된 형상, 곧 동시대 세계와 동질적인
합리성의 정초적 형상을 제시할 역량을 요구받는다.

끝으로 우리가 인식하는 그대로의 세계에 관하여,
우리 모두는 이 세계가 매우 불안정함을 저마다 어렴풋

이 인식하고 있다. 여기에는 역설이 있다. 이 세계는 한편으로는 가능한 세계들 중 가장 좋은 세계로 제시되며, 혁명이나 해방의 패러다임으로 시도되었던 다른 세계는 모두 범죄적이면서도 파멸적이라고 확인된다. 그러나 동시에 이 세계는 매우 취약한 것으로 알려져 있다. 세계는 노출되어 있다. 이 세계는 결코 지속적인 존재의 안정성 위에 정립된 세계가 아니다. 이 세계는 그 자체를 잘 알지 못하며, 사건들의 파국에 노출되지 않기 위해 추상적인 법칙들에 의탁한다. 결국 지난 50년 동안 끊임없는 분쟁이 모든 나라들을 피폐하게 했고, '서구적' 이기주의에 맞닿은 영역들을 배회한다.

세계는 이렇듯 위험한 취약성을 지닌다. 세계는 항상 유통과 의사소통의 일반 법칙 이외에도 말할 수 없이 기이한 것들과 산포된 잔혹성들을 드러내 보이며, 결국 그 자체에 대한 매우 놀라운 맹목으로 언제라도 곧 여기저기에서, 그리고 마침내 모든 곳에서 완전한 폭력이나 전쟁이나 억압으로 전환될 수 있다. 이 세계와 관련해 철학에 요구되는 것은 세계의 구조나 그 법칙들의 원리 또는 그 확고함의 원리가 아니라 사건 자체를 수용하고 사유할 능력이다. 철학에는 사건과 놀라움, 징발과 불확실성을 합리적 윤곽 안에서 사유할 수 있는 방식이 요구된다.

내가 생각하기로 바로 이런 이유에서, 그리고 해석학이나 분석이나 포스트근대 담론과의 단절에 대한 대가로 철학에 요구되는 것은 이 세계의 무한정한 불확실성의 내부에서 결정적이며 정초적인 철학을 단언하는 것이다. 단독성의 철학이자 진리의 철학이며 동시에 합리적인 철학이자 사건의 철학을 말이다. 그러므로 철학에 요구되는 과제는 철학의 욕망을 보호할 피난처 또는 외피로서 단독성, 사건, 진리의 합리적 매듭이라 명명할수 있을 어떤 것을 제시하는 일이다. 그러기 위해서는 새로운 합리성의 형상을 발명해야 하는데, 모두가 아는 그대로 단독성과 사건과 진리를 묶는 것은 고전적인 전통에서 그 자체로 역설인 까닭이다. 이 역설이 바로 오늘날의 철학이 중심적으로 다루어야 할 무엇이다. 철학이 철학의 고유한 욕망을 보호하며, 건설적이고 일반화된 방식으로 생쥐스트(Saint-Just, 프랑스 혁명기의 정치가)의 잘 알려진 경구를 모든 인류에게 전하려 한다면 말이다. "행복은 유럽에서 하나의 새로운 개념이다."

내가 다른 곳에서 보이려 한 것은 단독성, 사건, 진리의 합리적 매듭이 그 자체로 주체에 관해 가능한 새로운 교설을 구성한다는 점이다. 주체는 형이상학에 공속되므로 해체되어야 한다는 관념에 반대하며 내가 언명하는 바는, 주체를 정확히 단독성, 사건, 진리가 합리적으로 매듭지어지는 궁극적인 미분소로 인식하는 이상 우리는 사유와 세계에 새로운 주체의 형상을 제시할 수 있고 또 그렇게 해야 한다는 것이다. 이러한 주체의 격률은 다음과 같다. 주체는 단독적이다. 그 이유는 사건이 주체를 진리 안에서 구성하기 때문이다. 다시 말해 주체는 가능한 합리성의 장소인 동시에 진리와 사건의 지점으로 명명할 수 있는 무엇이다. 결국 주체에게, 혹은 일개 개별자로서 주체 됨을 받아들이는 자에게 그 지점은 오직 행복과 관련될 뿐이다.

이 테제들은 말하자면 내가 이 책에서 근거들과 계

획을 제시하고자 하는 대각선적 형태의 철학적 기획일 뿐이다.

이런 방식으로 구성된 철학, 즉 주체의 단독성이란 주체가 사건을 통해 진리 안에서 구성된다는 점이라고 언명하는 철학에 입각해 사유와 세계의 정황을 바라볼 경우, 어떤 의미에서 형이상학은 분명히 무너졌거나 끝장났다고 말할 수 있다. 그럼에도 결코 형이상학의 범주들의 유통 기한이 지났다고 말할 수는 없다. 따라서 우리는 당연히 그러한 철학에서 출발해서 이렇게 말할 것이다. 형이상학은 확실히 무너졌다. 그러나 형이상학의 해체 또한 무너졌다. 세계에는 정초적 철학의 정립이 필요하다. 그리고 이러한 철학은 형이상학과 형이상학 비판의 지배적 형상이 혼재하며 결합된 폐허 위에 세워질 것이다.

이 모든 근거에서 나는 오늘날 철학이 생각하는 것보다 더 세계가 철학을 필요로 한다고 믿는다. 지금 철학의 지배적 흐름들이 세계의 법칙에 매우 잘 맞는다고 진단할 때 이는 놀랍지 않다. 그리고 세계의 법칙에 잘

들어맞는다면, 동시대 철학의 흐름들은 우리에게 무엇이 참된 삶이라 할 수 있는지에 관해 이야기하는 데 실패한 것이다. 결국 그러한 흐름들에서 보자면 이 세계 자체가 철학에 요구하는 것은 부분적으로 불분명하다. 이를 분명히 하기 위해서 우리는 철학 자체 내부에서 중단을 실행할 필요가 있다. 이를테면 철학이 고유한 과제를 고수하기 위한 중단 말이다.

그 격률은 '종말을 끝장내기' 같은 것이 되리라. 종말을 끝장낸다는 것은 결단을 내린다는 것을 상정한다. 종말은 결코 그 자체로 끝나지 않고, 그치지 않으며, 한없이 이어진다. 종말에 종언을 고하기 위한, 종말을 종료하기 위한 결단을 취해야 한다. 나는 바로 이 결단에 있어 세계 자체가 철학에 요구하는 바에 맞는 지지점들과 정당화의 요소들을 함께 제시하려 한다.

나는 철학이 병들었다는 점을 결코 부정하지 않는다. 철학이 병들었다는 주장의 바탕에 있는 계획의 범위와 난점을 고려한다면 철학은 심지어 죽어 가고 있는지도 모른다. 지금 구원자나 기적은 필요하지 않다는 것이나의 가설이기는 하나, 세계는 이 죽어 가는 자에게 말한다. "일어나 걸으라!"[19] 참된 이념의 명령 아래 걸어갈 때 우리는 행복이라는 목적지로 향한다.

2 행복의 시험대에 선 철학과 반철학

나는 개념적 구축물에 자기 실존의 드라마를 맞세우는 특정한 종류의 철학자를 '반철학자'라고 명명한다. 반철학자에게 진리는 절대적으로 실존하지만 사유되거나 구축되기보다는 마주치고 경험되어야 할 무엇이다. 모든 진리는 "내면에" 있다고, 혹은 "주체성은 그 자체로 진리의 분명한 표징이다."라고 말하는 키르케고르는 이런 방식으로 이해해야 한다. 그러나 주의하자! 반철학자는 결코 회의주의자나 상대주의자가 아니며, 오늘날의 민주주의자도 아니고, 문화 다양성의 지지자도, (들뢰즈가 사망하기 얼마 전에 편지로 내게 이야기했듯이) 진리의 이념이 "필요 없는" 뒤섞인 의견들의 신봉자도 아니다.

오히려 반철학자는 믿음을 가진 자들 중 가장 강경하고 타협을 모른다. 파스칼, 루소, 니체, 비트겐슈타인을 보라. 이들은 집요하고 냉혹하며, '철학자들'에 맞서 무자비한 투쟁에 나선 인물들이다. 파스칼에게 데카르트는 어떤 사람인가? "무익하며 불확실한" 자이다. 루소에게 볼테르, 디드로, 흄은? 타락한 모사가들이다. 니체에게 철학자는? 망설임 없이 총살해야 할 "범죄자 중의 범죄자"이다. 비트겐슈타인에게 합리적인 형이상학의 구상들은? 순전한 무의미이다. 그리고 키르케고르에게 헤겔의 장대한 구축물은? 세계에 대한 노인의 기억 상실이다. "철학자는 빠져나와 관여하지 않고, 자리에 앉아 늙어 가며 과거의 노래와 중재의 화음에 귀 기울인다."

　모든 반철학자에게 개인적 삶의 불가변한 직관에 색인된 이러한 사유의 분노는 직관과 분리할 수 없는 문체로 보조된다. 그들이 위대한 저술가라고 말하는 것으로는 충분하지 않다! 파스칼과 루소는 프랑스 산문에 혁명을 일으켰고, 니체는 독일어에서 알려지지 않은 어조를 끌어냈다. 비트겐슈타인의 『논고』[20]는 말라르메의

"주사위 던지기"에 비견할 수밖에 없으며, 적어도 당분간은 진정 주목할 만한 최후의 반철학자임을 내가 입증했던 라캉은 정신 분석에 발명된 언어를 부여한다.

개념적이며, 체계적이며, 수학소를 사랑하는 나 같은 철학자는 분명히 이 경이롭지만 육식을 즐기는 세이렌들의 노래에 굴하지 않을 수 없다. 그러나 철학자에게는 반철학자들이 제기하는 도전과 겨룰 수 있는 수준에서 사유할 의무가 있다. 이 율리시스(Ulysse)[21]는 플라톤이래 사유에 등장하는 절대성(l'Absolu)의 견고한 돛대에 스스로 몸을 묶은 채로 세이렌들의 노래를 듣고 이해해야 한다. 그러한 세이렌들이 없었다면 이 율리시스는 합의적 민주주의자나 적당한 수준의 평범한 행복을 파는 선전자 아니면 '이념 없이 살라'는 명령의 추종자가 되었으리라는 그들의 신랄한 말로 자기를 일깨울 의무가 부과된다.

이 폭력적이지만 탁월한 적수들에 관해 나 자신이 열중하는 일이란 바로 이런 것이다. 오늘날 우리가 스스로 규범으로 부과하고자 하는 계약이나 심의와 관련한 중용에 반대하여, 반철학자들은 주체가 오직 선택이라는 긴장된 역설적 요소에서 절대성과 같은 층위에 머물 기회를 갖는다는 점을 상기시킨다. 파스칼은 주체가 도박을 해야 한다고 말하며, 루소는 주체가 자기 안에서 양심의 목소리와 마주쳐야 한다 주장하고, 키르케고르에 따르면 "주체는 선택을 통해 선택한 무언가에 몰두하며, 선택하지 않는다면 쇠약해진다." 그리고 실재적 행복에 관해서 주체는 선택을 명령하는 우연한 마주침에 복종한다. 바로 여기에서 참된 삶이 나타나거나, 혹은 우리가 약해질 경우 언뜻 보게 되자마자 사라진다.

삶이냐 죽음이냐의 문제, 도박, 선택, 절대적 결단. 주체(sujet)는 오직 이 시련 가운데 실존하며, 주체(Sujet)가 될 능력을 지닌 개인은 자신의 동물적 대상성이 고수하는 보잘것없는 만족들로 짜인 피륙을 넘어서지 못하는 이상 어떤 행복도 상상할 수 없다. 그리고 다소간 비밀스럽게, 모든 개인은 주체가 될 능력을 쓸 수 있다.

그로부터 오는 한 가지 매혹적인 특징이 있다. 모든 삶의 에피소드는 아무리 하찮거나 사소한 것이라 하더라도 절대성을 경험할 계기가 될 수 있고, 따라서 실재적 행복을 경험할 계기가 될 수 있으며, 그런 이상 순수한 선택 앞에 전제되는 개념이나 합리적인 법칙 없이 선택을 소환한다. 이때 선택이란 키르케고르에 따를 때 "선택을 윤리에 통합하는 의지의 세례"이다. 우리는 파스칼이 믿음을 얻기 위해 혼란에서 건져 낸 결단을 알고 있다. 키르케고르가 레기네와의 약혼을 미학적 단계(돈 후안의 유혹)에서 윤리적 단계(결혼의 실존적 심각성)를 거쳐 종교적 단계(절망을 넘어선 선택에서 정화되어 절대화된 나 자신)로 이르는 이행을 실행할 궁극적인 시련으로 삼을 때, 그는 반철학의 전형적인 특징을 나타낸다. 이를테면 평범한 실존, 곧 익명의 개별자는 엄숙한 철학자보다 나은 방식으로 절대성의 기회를 도래시킨다는 것이다. 이런 이유로 반철학자는 '심오한' 민주주의자이다. 반철학자는 지위, 자격, 계약에 관심을 두지 않으며 토론, 의견의 자유, 타인의 존중, 투표에 관해 이 모든 것이 그저 시시한 일이라 단언한다. 이에 반해 절대성이 요구하는 주체가 될 가능성에 관해서는 누구라도 동등

하다. 평등은 이렇게 근본적인 의미에서 무조건적이다.
키르케고르는 이러한 체념과 비할 데 없는 수동성을 실
천할 줄 아는 평범한 개인을 찬양하는데, "주체는 직접
적인 삶에서 참된 삶을 얻을 수 없지만, 그가 삶에서 진
정으로 '마주칠' 수 있을 어떤 것은 표명"되는 까닭이다.

'마주침'이라는 단어가 중요하다. 사랑, 봉기, 시는
연역되지 않으며 나눠 받은 몫에 합의하는 평온함으로
분류되지도 않는, 오히려 마주치게 되는 무엇이다. 삶의
폭력적인 전복에서 오는 즉각적인 귀결은 절대성에 대
한 단독적인 만큼이나 보편적인 접근이다. 완전한 실재
적 행복은 우연한 마주침에서 나타나며, 행복해져야 할 필연
성이란 결코 실존하지 않는다. 오로지 동시대 세계의 '민
주주의적' 개인들, 그러니까 처량한 개인들만이 법률, 계
약, 다문화주의, 친구들 간 토론에서 얻는 평화 속에서
살아갈 수 있다고 상상한다. 그들은 사는 것, '완전하게'
사는 것을 마음에 그리지 않으며, 따라서 편안한 대상성
이 결코 이러한 삶을 보장할 수 없다고는 상상조차 하지
못한다. 키르케고르가 우리에게 제시하는 "대상적[22] 불

확실성은 가장 고귀한 능력에 대한 내면성의 열정에서 확고하게 유지된다."라는 가르침 그대로, 여기에는 주체 되기(devenir-sujet)의 위험이 필요하다.

"대상적 불확실성"을 유지하는 것. 대상성의 힘에 대한 이 반철학적 이론(異論)은 유익한 격률이다. 어째서 존재하는 무엇 앞에, 단지 그것이 존재한다는 이유만으로 굴복한단 말인가? 사회 계약과 자유의 가능성으로부터 법의 도출을 예비하는 과정에서 루소는 "모든 사실을 옆으로 치워 버리자."라고 선언하는데, 이것이 그의 방법을 나타내는 화법이다. 그가 옳다. 경제적·정치적 '현실주의(realisme)'는 굴종의 주된 가르침이다. 개인은 이에 빠질 수 있으나, 주체는 이에 이를 수 없다. 주체는 알려지지 않은 어떤 가능성에 대한 계산 불가능한 마주침에서 태어나며, 여기에서 주체 되기가 시작되기 때문이다. 파스칼처럼 "기쁨, 기쁨의 눈물"이라고 말할 수 있는 유일한 지점이 바로 여기에 있다.

날마다 사람들은 세계화와 근대화의 속박이 공생적 민주주의라는 불변의 규칙들을 고려하지 않고 이성적으로 이것이나 저것에 동의하도록 강요한다는 점을 일깨운다. 중요한 반철학자들은 적어도 우리가 이 동의라는 덫을 피하게 한다는 점에서 유익이 된다. 더구나 동의를 무시하는 일이 실망스럽거나 부조리하다면 바로 그것이 주체의 길일 공산이 크다. 이는 유일하게 주체만이 갖는 완고한 역량, 즉 진리를 이루는 원소로 살아가는 길이다. 키르케고르가 확인하는 그대로 "선택한다는 말의 절대적인 의미에서", 즉 합리성이나 법의 명령에 반해 선택할 때 "나는 절망을 선택한다." 그렇다 하더라도 "그 절망에서 나는 절대성을 선택하게 되는데, 이는 나 자신이 절대성이기 때문"임은 여전히 사실로 남을 것이다. 이런 의미에서 반철학자들이라는 이 고뇌하는 자들에게 행복은 쾌활한 친구들을 위한 것이 아니다. 일정 정도의 절망은 실재적 행복의 조건이다.

이 강렬한 정식들이 상기시키는 것은 진리의 주체가 되는 것, 즉 절대성에 일정 정도 참여하는 것이 바로 실존이 마주침의 양상으로 제시하는 기회라는 점이다. 일반적으로 이 마주침의 귀결들을 확고한 방식으로 고수하는 것은 있는 그대로의 세계의 시각에서 부조리하다고 비난당할 법하며, 이 맥빠진 합의적 비난은 우리를 좌절시킬 것이다. 하지만 만일 그렇다면 관건으로 놓이는 것은 우리가 될 수 있는 무언가에 대한 우리 자신의 접근로이며, 주체에게 적합한 길은 어떠한 의심도 없이 완고함의 길이자 우리의 경로 이탈(dé-route)[23]의 귀결을 가정하는 순수한 선택의 길이다. 키르케고르에게서 이러한 경로 이탈의 심급을 분명하게 발견한 사르트르는 한편으로 자신을 사로잡았던 어떤 것을 일정 이상 변증화한다. 그것이 헤겔과 마르크스의 거대한 작업대로부터 우리에게 열린 위대한 역사의 경로(route)였다.

이 창조의 '맥락'이 결정론적이며 반복적이라면(키르케고르는 어쨌든 가장 중요한 반복의 사상가이다.) 이는 우리가 창조라는 개념을 도입하지 않는 이상 진리의 주체를 이야기할 수 없기 때문이다. 창조는 헤겔적 매개의 영향력을 받지 않는 자기와 자기의 간격을, 동일성 안에 있는 차이의 역설적인 실존을 요구한다. 키르케고르는 이렇게 요약한다. "그 자체(선택의 주체)는 앞서 실존하지 않는데, 그는 분명히 〔이전부터〕 실존했다 해도 선택에 의해 실존하며 '그 자신'으로 존재하기 때문이다."

이는 우리 철학자들에게 중요한, 반철학자라는 이 서글픈 개념의 희생자들에 관한 예시적인 증언이다. 실존에게는 그 자체의 보존 이상을 할 수 있는 능력이 있다. 실존은 진리의 원소로서 어떤 주체의 효과를 일으킬 능력을 지닌다. 그리고 이 효과의 정동, 곧 정치적 열정이나 과학적 지복, 미학적 쾌락이나 사랑의 기쁨 중 어느 것이라도 될 수 있는 정동은 언제나 모든 욕구의 만족 너머에서 행복이란 이름에 어울리는 것이다.

확실히 그들에게는 자신의 폭력이나 환상을 지탱하기 위해 종교, 신, 비참한 삶, 증오, 부조리 등이 필요하다. 그러나 교훈이 남는다. 만일 네가 되도록 정해진 무엇 외에 다른 것이 되기 원한다면, 오로지 마주침을 믿으며, 네 충실성을 공식적으로 금지된 것에 바치며, 불가능한 것의 길을 고수하라. 길에서 벗어나라. 그러면 베케트의 숭고한 텍스트 「잘못 보이고 잘못 말해진」의 마지막 구절에서 말하듯, "행복을 알"[24] 수 있으리니.

3   행복해지려면
    세계를
    변화시켜야 하는가?

아득히 오래전부터 전승되는 중요한 '지혜(Sagesse)'는 현실을 자신의 욕망에 맞추려 하기보다 자신의 욕망을 현실에 맞추어야 한다는 이야기로 귀착된다. 이런 시각에서 볼 때 하나의 '운명(fatum)' 같은 현실(réel)[25]이 있으며, 인류가 얻을 수 있는 가장 고귀한 행복은 피할 수 없는 것을 순순히 받아들임에 있다. 줄곧 지배적인 지위를 점했던 이러한 지혜는 스토아 철학에 의해 형식을 부여받았고, 오늘날에도 지배적인 지위를 차지하며 다음처럼 말해진다. 자본주의 그리고 자본주의와 연결된 '민주주의'가 서구의 특권을 지닌 시민들에게 제공하는 가정, 소비, 연결,[26] 휴가 등에서 오는 평범한 행복은 물

론 매우 강렬하다. 그러나 다른 무언가, 예를 들어 공산
주의에 대한 욕망은 언제나 최악으로 이른다. 이 같은
프로파간다에서 본질적으로 경제적인 '현실'은 사유화
된 재산과 자본의 집중을 우리의 모든 욕망이 복종해야
할 운명으로 받아들이라 강요한다.

프랑스 혁명이 한창일 때 생쥐스트는 "행복은 유럽
에서 하나의 새로운 개념이다."라고 쓰면서, 완전히 다
른 정세의 전망에서 인간 주체를 호명한다. 혁명은 오
래된 세계를 근절하고 미덕(부패, 곧 가진 자들의 권력을 뒷
받침하는 변치 않을 자원에 맞세워질 대립항)과 행복의 본질
적인 연계를 정립해야 한다.[27] 이는 세계의 전적인 변화
가, 다시 말해 고대의 노예제에서 제국적 자본주의에 이
르기까지 변함없이 인류를 지배하는 과두정으로부터의
완전한 인류 해방이 바로 실재적 행복이 모두에게 주어
지기 위한 예비 조건임을 말하는 것이다.

19세기 전반에 걸쳐, 그리고 20세기의 상당 기간
동안 행복해지려면 세계를 변화시켜야 한다는 생각은
세계적으로 매우 강력했다. 그러므로 이 저항할 수 없는

혁명적 본성의 조류에서 토론되는 질문은 바로 이런 것이다. '어떻게' 세계를 변화시킬 것인가?

그렇지만 매우 난해한 세 단어, 명사 '세계'와 동사 '변화시키다'와 의문 부사 '어떻게'만으로 포함하지 못하는 범위를 고려할 때, 이 질문이 단순한 질문일 수 없음을 곧 알게 된다. 우리는 시작하자마자 복합적인 구문을 대하게 되는 것이다.

'세계'라는 명사에서 시작해 보자. 세계 혹은 우리가 흔히 말하는 그대로 '우리의 세계'는 정확히 무엇인가? 오늘날 우리의 세계는 어떤 것인가? 우리가 세계라는 말로 무엇을 의미하는지 즉시 특정하지 않는다면, 이 장의 제목은 매우 모호한 질문이 될 것이다.

오늘날의 예를 들어 보자. 2011년 일부 미국 젊은 이들의 운동, 즉 '월스트리트를 점령하라'[28]라는 이름의 잘 알려진 운동이다. 이 저항, 이 봉기가 변화시키려한 세계는 어떤 세계인가? 금융 자본주의의 상징인 '월스트리트'가 아닌가? 시위자들은 선언했다. "우리는 인구의 99퍼센트를 대표하지만, 월스트리트는 단 1퍼센

트만을 대표한다." 이것은 그들이 이의를 제기하는 세계가, 순수한 경제를 넘어 오직 자신의 사적 이익으로 움직이는 극소수의 부자와 권력자 집단이 무수히 많은 생명과 무수히 많은 타인들을 통제하는 민주주의라는 정치적 거짓 외양을 띠고 있다는 의미인가? 그들이 단언하는 집단적 행복은 '민주주의'에 종지부를 찍는 것인가? 민주주의는 1퍼센트의 작은 무리가 우리 서구 대도시들에서 멀리 떨어진 곳, 말하자면 아프리카나 아시아에 사는 무수히 많은 사람들의 절대적으로 비참한 상태를 결정하는 것이라는 말인가? 어쨌든 월스트리트를 점거했던 사람들이 주로 중간 계급에 속한 남녀 젊은이들이라는 점에 주목할 수 있다. 이들은 어쩌면 우리 서구 세계 대도시에서 젊은 남녀들이 사는 침울하고 불확실한 삶, 명료하고 빛나는 미래가 없는 삶에 항의하려는 것은 아니었을까? 그럴 경우, 그들의 선언은 세계를 '변화'시키기 위한 것도, 우리의 집단적 실존에 내재한 거짓이나 불행을 며칠 또는 몇 주 동안 적극적으로 증언하기 위한 것도 아니다. 그리고 이후에 드러난 그대로, 이 절망적으로 주체적인 정신 상태의 이면에는 결코 대상적인 세계의 명료한 재현이나 행복(곧 새로운 이념으로서의 행복)의 해방을 향한 세계 변화의 원칙들이 없었을 개연성이 있다. 현실적으로 존재했고 세계로 생성되어야 했을 무언가는 실제로 운동의 순간적인 기쁨 속에 감춰진 채 남겨졌다.

'세계'는 결코 단순한 이름이 아니다. 우리는 어떤 수준에서 세계에 관한 이야기를 시작해야 하는가? 분명 세계가 무엇인지 이해하려면, 일반성 혹은 실존의 층위들을 정의해야 한다. 나는 여기에서 세계를 다섯 층위로 구별하려 한다.

먼저 재현, 정념, 의견, 기억에 관해 내부적인 우리의 세계가 있다. 이 세계는 몸과 정신을 지닌 개별자들로 이루어진다. 두 번째로는 닫힌 집단들로 이루어진 집합적 세계들을 정의할 수 있다. 나의 가족, 직업, 언어, 종교, 문화, 민족으로 정의되며, 고정된 정체성에 의존하는 세계이다. 또한 하나의 세계로서 지구상의 인류 역사를 꼽을 수 있다. 이 차원에서 닫힌 집단이나 고정된 정체성은 관건이 아니며, 이 세계는 여러 중요한 차이들을 포함하는 개방된 과정이다. 넷째로 우리가 돌, 식물, 동물, 바다 등과 공유하는 자연적 배경을 포함하는 세계는 곧 우리의 작은 행성 지구이다. 마지막으로 다섯째 층위에 별과 은하와 블랙홀 등으로 구성되는 우주가 놓인다. 요컨대 우리에게는 개별자들의 세계로서 심리학의 세계, 닫힌 집단들의 세계로서 사회학의 세계, 개방된 과정의 세계로서 인류의 실존 또는 역사(Histoire), 자연적 세계로서 생물학과 생태학의 세계, 그리고 우주라는 물리학과 우주론의 세계가 있다.

두 번째 난제인 동사 '변화시키다'를 다루어 보자. 우리의 세계를 바꿀 잠재력 혹은 역량이 절대적으로 이 세계의 정의라는 층위에 달려 있다는 점은 명확하다. 가령 기혼자인 내가 다른 여자와 사랑에 빠진다면, 이는 앞선 두 층위에서 매우 중요한 변화를 나타낸다. 나의 정념, 재현 등 개별적인 세계와, 닫혀 있는 가족적 세계의 변화 말이다. 그리고 틀림없이 이는 나의 개인적 행복의 재현에 중대한 영향을 미친다. 두 번째 층위에는 혁명, 개혁, 내전, 새로운 국가의 건립, 어떤 언어의 소멸, 식민주의 또는 니체가 말하는 "신의 죽음" 같은 여러 유형의 변화가 있다. 이 변화들 각각은 명백히 행복과 불행의 새로운 변증법에 해당한다. 세 번째 역사의 층위에서 한편에는 진보, 국제주의, 공산주의라는 명확히 두드러진 개념들이 있고, 다른 한편에는 역사의 종언으로서 자본주의, 대상적 보편으로서 민주주의가 있으며, 그리고 이 모든 멋진 이름들 이면에는 대상적 제국주의와 주체적 허무주의가 놓인다. 앞서 말한 것처럼 바로 거기에, 스토아 철학과 관련한 체념적인 틀 또는 혁명과 관련한 투사적인 틀을 막론하고, 행복의 철학을 가능하게 하는 틀들이 있다. 네 번째 층위에서 우리는 생태학적 문제, 기후 변화 그리고 우리 행성의 미래에 대한 현실적으로 복잡한 사안들을 두고 논쟁한다. 이 층위에 인류의 행복을 설파하는 천년 지복설을 구상할 가능성이 있다. 다섯 번째 층위에서 우리가 할 수 있는 일은 그리 많지 않다. 우리는 우주 전체의 매우 작은 부분이며 하찮은 파편일 뿐이다. 그러나 우리의 보잘것없는 행성 너머에서 생명의 신호를 찾고 있으며, 어쩌면 어느 날 완전히 전대미문인 지복의 형식들을 마주하게 되리라는 희망을 갖는다.

이 모든 사안에서 동사 '변화시키다'의 정확한 의미는 무엇인가? 사실 나는 우리의 구별이나 정의가 '세계를 변화시키다'라는 표현의 명확한 의미를 얻기에는 너무나 부정확하다고 생각한다. 결국 세계가 전체적으로 변화할 수 있다는 것은 참이 아니다. '세계'라는 명사의 다양한 의미론적 층위와 관련한 사안을 살펴야 한다. 한 개인은 살아 있는 동안 바뀔 수 있겠으나, 그의 주체적 세계의 특정한 부분들은 불변이며, 몸의 특징들이나 유아기의 경험에서 결정된 어떤 근본적인 심리 상태 또한 마찬가지이다. 우리는 닫힌 집단들의 경계를 넘을 수 있지만, 출신과 언어와 민족성이라는 문화적 배경에 의한 결정을 완전히 피할 수는 없다. 개방된 역사에서 펼쳐지는 행위 또는 자연적 환경을 개조하거나 보존하기 위한 노력도 같은 문제에 봉착한다.

전기나 역사와 관련한 모든 정황에서, 하나의 결정

된 세계 내에서 일어나는 국지적 변화의 가능성은 변화의 귀결 이후에나 관찰될 수 있다. 변화의 영향력은 때로 멀리까지 미쳐서 재편된 사항들이 재현이나 행복의 실재로 이끌리기도 한다. 어떤 변화는 결코 '세계의 변화'로 직접적으로 명료하게 나타나지 않는다. 변화는 변화가 야기한 귀결들을 통해, 오로지 소급적인 방식으로, 이 세계와 관련하여 크거나 작은 것으로 평가된다.

1917년 10월 러시아에서 발발한 볼셰비키 혁명이라는 잘 알려진 예를 들어 보자. 미국의 유명한 저널리스트 존 리드(John Reed)는 이 혁명에 관해 『세계를 뒤흔든 10일』이라는 제목이 붙은 기록을 남겼다. 그러나 어떤 세계가 관건인가? 그것은 확실히 마르크스나 레닌이 꿈꿨던 것같이 자본주의 세계의 완전한 변화는 아니었다.(레닌은 러시아 혁명이 전 지구적 혁명의 시작일 뿐이며, 독일 혁명이 그 두 번째 단계라고 확신했다.) 여하튼 이 국지적 사건은 상당한 영향을 미친 귀결들을 낳았다. 이 사건은 기본적으로 모든 혁명 활동가들에게 준거가 되었고, 소비에트 연방에서 공산주의 중국에 이르며 베트

남 전쟁과 쿠바를 거쳐 '20세기'의 중요한 부분을 차지한다. 그러나 이 세기의 후반 동안 우리는 1917년 볼셰비키 혁명에 이어 건설된 거의 모든 '사회주의 국가들'의 와해를 목도한 바 있다. 그러니까 우리는 단지 이러한 귀결을 통해서만 존 리드의 『세계를 뒤흔든 10일』이라는 책 제목을 이해한다. 확실히, 러시아 혁명으로 세계의 일부분이 뒤흔들렸다. 물론, 러시아 혁명의 상당히 큰 영향에서 비롯한 귀결들이 이 사건을 현실적으로 상당한 변화를 초래한 것으로 규정할 수 있게 한다. 그러나 결국, 오늘날 우리의 세계 전체는 거의 정확히 이 사건 이전의 세계가 그랬던 것처럼 자본주의에 의해 지배되고 있다. 그러므로 우리는 20세기의 가장 중요한 정치적 변화가 '세계를 변화시키지 못했다'고 결론짓는다.

따라서 '어떻게'를 이해하기 위해, 나는 '세계를 변화시킨다'라는 관념을 세 개의 항으로 이루어진 복합물로 대체하려 한다. 즉 사건, 실재, 귀결이라는 세 가지 개념의 복합물이다. 그리고 이제부터 이 철학적 용어〔'변화시키다'〕를, 마찬가지로 행복에 관한 유적인 질문과 사건의 관계를 가능한 한 가장 명료하게 설명하기 위해 노력할 것이다.

사건은 어떤 세계 내에서 국지적으로 일어나는 무언가의 이름이며, 이 세계의 법칙들에서 연역될 수 없다. 사건은 세계의 통상적인 변전(變轉)에 가해지는 국지적 단절이다.[29] 우리는 일반적으로 세계의 규칙들에 따라 일종의 동일한 과정의 반복이 생산됨을 알고 있다. 예를 들어 마르크스는 자본주의 세계에서 돈의 투자, 상품으로의 전환, 그리고 다시 상품에서 돈으로의 전환이 일어나는 순환의 반복을, 덧붙여 임금과 가격과 이윤 간의 반복적 관계를 완전하게 설명하려 했다. 보다 일반적으로 말해서 마르크스는 생산과 유통을 관련짓는 자본의 전체 과정을 묘사했다. 마르크스는 또한 주기적으로 나타나는 위기가 자본주의의 변전에 가해지는 단절이 아니라 그 전개의 합리적인 일부라는 사실에 관한 명료한 설명을 제시했다. 이것이 바로 사건이 결코 고전적 위기가 아닌 이유이다. 예컨대 유럽의 현실적인 경제 위기는 하나의 사건이 아니며, 지구화된 자본주의 세계를 구성하는 일부분이다. 사건은 지구화된 자본주의 세계 내에서 국지적으로 일어나는 것인데, 우리가 체계적 위기의 법칙들을 비롯한 자본의 반복적 논리를 활용하는데 그친다면 사건은 전체적으로 이해될 수 없다.

사건의 힘은 감춰져 있거나 혹은 보이지 않던 세계의 무언가를 드러낸다는 사실에 있다. 그 이유는 사건이 이 세계의 법칙에 의해 은폐되기 때문이다. 하나의 사건은 이전에 오로지 부정적인 형식의 제약 아래 있던 세계의 일부가 드러남이다. 그리고 이 드러남과 행복의 문제 사이의 상관관계는 명확하다. 제약의 제거가 관건이기에, 명확히 알지 못한 채 제약을 감내하는 모든 자들에게는 전에 없던 사유와 행위의 가능성이 즉시 나타나는 것이다. 이때 행복에 관해 가능한 한 가지 정의는 다음과 같다. 행복은 스스로 가지고 있는 줄 몰랐던 활동의 역량을 발견하는 것이다.

나는 이에 관해 두 가지 예를 제시한다.

1968년 5월이 하나의 실재적 사건인 이유는 무엇인가? 그리고 분명한 기만을 넘어서, 혁명의 '실패'라

간단히 말하는 것을 넘어서, 이 사건이 그 행위자들(적어도 1980년대의 타락이 산죽음(morts-vivants, 살아 있으나 자신의 진정한 삶을 살지 못하는 자)으로 변질시키지 못한 사람들)에게 그들의 실존을 강렬하게 변모시켰으나 당연히 한편으로 고뇌하게 했던 절대적 행복의 계기로 기억되는 이유는 무엇인가? 바로 학생들의 대규모 봉기와 한 번도 본 일이 없는 규모의 총파업이 '1960년대 프랑스'라는 세계에서 동시적으로 일어나, 이 세계의 법칙으로 정립된 젊은 지식인들과 젊은 노동자들 사이의 엄격한 분리란 그저 시대에 뒤처진 필연성일 뿐임을 드러냈다는 것이다. 이 사건이 드러낸 것은 바로 그러한 세계의 법칙이 역으로 젊은 지식인들과 노동자들의 직접적인 단일성에 의해 만들어진 새로운 정치 조류로 교체될 수 있고, 궁극적으로 그래야만 했다는 점이다. 프랑스 공산당이 이 사안에서 적극적인 행위자가 아니라 오히려 운동의 비판 대상이었다면, 이는 공산당이 분리의 법칙을 따라 조직되었던 까닭이다. 지식인 세포들과 작업장의 공산주의 조직들 간의 직접적인 관계는 모두 엄격하게 금지되어 있었다. 이런 이유에서 프랑스 공산당 또한 오래된 세계의 일부분이었다. 사건으로 드러난 오래된 세계의 틀 안에서, '새로운' 세계의 실재는 오래된 세계의 모든 구성 요소에 의해 금지되어 있던 정치적 단일성의 형식이 가능하다는 단언에 있었다. 그리고 이 단일성의 여정을 실행하고 사회적 장벽을 분쇄하는 과정에서 발명되는 동시에 실천되는 정치에 따라, 사회 속에서 [모두가] 평등해지는 일이 완벽하게 가능하다는 발견은 전례 없는 주체적 계몽의 원천이었다.

사건의 실재적 힘의 다른 예시는 아랍의 봄[30] 시기 이집트의 유명한 타흐리르 광장[31]이다. 무슬림과 기독교인 간의 관계가 최선의 경우에 무관심, 그리고 최악의 경우에 적대라는 것은 '이집트' 국가라는 세계에서 일반적으로 수용되는 법칙이었다. 그러나 대중에 의한 광장 점거 중에 두 공동체 간의 긴밀한 단일성이 가능적 세계의 새로운 법칙으로서 관찰되었다. 예를 들어 기독교인들이 기도하는 무슬림들을 보호했고, 보다 일반적으로 볼 때 이 두 공동체는 동일한 정치적 슬로건을 가지게 되었다. 또한 그곳에서 역사적 변전이 모종의 덧없는 순환성으로 점철되었다 하더라도(결국 교육받은 평범한 부르주아지와 이슬람주의자 간의 단절이 군부의 재집권으로 귀착되었다.) 이 단일성의 시기에 남겨진 주체적 흔적은 필연적으로 미래를 밝힐 무언가로 지속된다.

이 두 사례에서 사건에 의해 드러난 새로운 실재는 그 당시까지 정립된 차이들 너머에 이르는 새로운 단일성의 형식을 취한다. 그러나 차이들은 세계의 법칙들로서 세계 안에 '정립되어' 있었다. 그리고 세계의 법칙들은 모든 법칙이 그렇듯 가능한 것과 불가능한 것을 규정했다. 예컨대 지식인과 평범한 노동자는 일상의 삶에서, 또한 집단적 행동이나 사유에서 분리되어야 했다. 그러나 1968년 5월은 사실상 이 두 집단 사이 사유와 행동과 조직의 직접적인 단일성을 확언했다. 이집트에서 무슬림과 기독교인 간의 관계 또한 마찬가지이다.

이 모든 것에서 우리는 중요한 고찰을 얻을 수 있다. 말하자면 사건의 힘으로 인해 세계의 실재가 이 세계의 지배적인 관점에서는 완전히 불가능한 어떤 것 안에 자리할 수 있음을 많은 사람들이 발견한다는 것이다. 여기에서 우리는 프랑스에서 1968년 5월의 구호 중 하나인 "현실주의자가 되자, 불가능한 것을 요구하자!"[32]의 깊은 의미를 얻게 되며, 라캉의 "실재, 그것은 불가능한 것이다."라는 난해한 문구를 이해하게 된다.

새로운 단언, 곧 사건의 압력 아래 세계의 실재가 선언하는 위대한 '긍정(oui)'은 언제나 이전에는 불가능했던 무언가가 이제는 가능하게 되리라는 가능성의 약속이다. 그리고 이런 의미에서 다음과 같이 말할 수 있다. 행복은 언제나 불가능한 것의 향유이다.

내가 '사건의 귀결'이라 지칭하는 것은 그러므로 세계 내에서 진행되는 구체적인 과정이며, 과거에 불가능했던 무엇의 가능성을 다양한 형태로 전개한다. 따라서 이는 또한 행복을 실현하는 힘과 같은 것이다. 나는 이런 종류의 과정을 사건에 대한 '충실성(fidélité)'이라고 명명한 바 있다. 달리 말하자면 충실성이란 세계의 법칙이었던 불가능성의 새롭고 급진적인 가능성을 수용하는 행위, 창조, 조직화, 사유이다. 그렇다면 우리는 이렇게 말할 수 있다. 완전한 실재적 행복은 하나의 충실성이다.

충실하다는 것은 사건의 귀결을 받아들임으로써 변화의 주체가 되는 것이다. 우리는 또한 새로움은 언제나 새로운 주체의 외관을 지니며, 그러한 주체의 법은 '오래된' 세계에서 금지된 가능성으로 드러나는, 불가능성의 지점으로서 새로운 실재를 세계 속에서 실현하는 것이라고 말할 수 있다. 그러니까 주체가 될 능력이 있다고 밝혀진 한 개별자에게 행복은 주체의 도래이다.

새로운 주체가 실존하는 시간은 사람들이 조직화와 안정화에 포함되어 사건의 귀결을 견뎌 낼 수 있는 형식에 포함될 때이다. 다른 한편으로 주체는 결코 세계의 법칙에 속한 주체가 아닌데, 사건의 귀결은 사건 자체에서 유래하기 때문이다.[33] 사건은 세계의 평범한 변전에 가해지는 단절이다. 그러므로 새로운 주체는 오래된 세계의 내부와 외부에 동시에 존재한다. 우리는 주체가 세계에 내재적이지만 예외의 형태를 취한다고 말할 수 있다. 따라서 이러한 주장을 개진하자. 행복은 내재적 예외로서 나타나는 주체의 정동이다.

우리는 새로운 주체의 세 가지 근본적인 특징을 고려할 것인데, 이 주체는 또한 행복의 주체로도 이해될 수 있다.

먼저 새로운 주체의 자유는 세계 내에 있으나 예외로 있는 무언가를 창조하는 데 있다. 이러한 영역이 창조되면 사건에 의해 드러난 실재가 세계의 특정한 부정적 제약들과 대립한다는 사실의 귀결들을 받아들인다. 따라서 주체를 위한 자유의 진정한 본질은 이전에 하고자 하던 어떤 것을 실행하는 것이 아니다. 실제로 '당신이 하고자 하던 어떤 것' 자체가 있는 그대로의 이 세계에 대한 적응의 일부분이다. 당신이 하고자 하는 것을 할 수 있는 수단을 세계가 제공한다면, 이는 분명 당신이 있는 그대로의 세계의 법칙에 순종하기 때문이다. 실재적 창조의 경우에도 마찬가지로 당신은, 비록 전부는 아니겠지만, 특정한 창조의 수단을 만들어 내야 한다. 진정한 자유란 언제나 세계 내에서 예외적인 귀결로서의 실재에 의해 규정된 무언가를 실행하는 방식이다. 그러므로 자유의 진정한 본질, 곧 실재적 행복의 본질적 조건은 규율이다. 같은 이유로 여기에서 예술적 창조가 패러다임이 될 수 있다. 모든 사람이 아는 그대로, 예술가는 실재의 새로운 재현 양식을 찾기 위해 매일매일 인내를 요하며 진을 빼는 혁신과 작업의 규율에 따른다. 이것은 또한 분명히 과학적 혁신과도 관련된다. 보다 일반적으로 우리는 주체가 규율과 자유를 구별할 수 없는 지점에 실존한다고 단언해야 한다. 그러한 지점의 실존은 특히 시적 표현이 증언하는 강렬한 행복으로 표시되는데, 시적 표현이란 '자유로운' 언어와 엄격한 형식적 규율의 불가분한 결합이다.

두 번째로 주체는 하나의 정체성(identité)[34]에 갇히지 않는다. 내재적 예외로서 해방의 과정은 개방적이며 무한하다. 왜냐하면 주체의 작업은 어떤 특정한 방식으로 세계의 한정된 제약들 바깥에 위치하기에 언제나 보편적이며, 이러저러한 정체성의 법칙으로 환원될 수 없기 때문이다. 예술적 작업, 과학적 발견, 정치적 혁명, 참된 사랑은 있는 그대로의 모든 인류와 관련된다.

바로 이런 까닭에 아무것도 소유하지 못하고 그저 자기 몸의 역량으로 환원될 뿐인 노동자들은 마르크스의 관점에서 인류의 유적인 부분인 것이다. 이러한 정체성의 부재, 곧 정체성의 유적인 부정은 또한 『공산당 선언』의 "노동자에게는 조국(patrie)이 없다."라는 잘 알려진 선언을 설명한다. 세계의 객관적 관점에서, 주체가 세계에 내재적인 이상 그에게는 당연히 고향(patrie)이 있다. 그러나 해방의 과정이라는 관점에서, 주체는 내재적 예외이고 그런 이상 유적인 존재이며 고향이 없다. 그리고 우리가 아는 그대로, 행복은 주체의 힘이며 모든 정체성의 족쇄를 약화한다. 이것이 바로 "연인들은 세계에 대해 유일하다."라는 표현의 의미이다. 연인들의 고유한 작업, 즉 사랑은 그들을 구별하며 분리하는 모든 것으로부터 정체성을 제거한다는 것이다.

세 번째로, 앞서 이야기한 바 있는 주체의 행복은 그 자신의 내부에서 자기에게 있는지 미처 몰랐던 무언가를 실행할 능력을 발견하는 데에 있다. 여기에서 모든 논점은 초월(dépassement, 헤겔의 의미에서 "지양(Aufhebung)")에 있다. 말하자면 뛰어넘음의 힘이 그 자체에 있음을 드러냄으로써 명백한 경계 너머로 가는 것이다. 이런 의미에서 완전한 행복은 유한성에 대한 승리이다.

여기에서 도입해야 할 것은 '행복'과 '만족' 사이의 딱 잘라 떨어지는 구별이다. 나의 개인적 이익이 세계가 나에게 제공하는 것과 부합할 때 나는 만족한다. 그러므로 만족은 세계의 법칙에 의해, 그리고 나 자신과 이 법칙의 일치에 의해 결정된다. 결국 나는 세계에 적절하게 통합될 수 있다고 확신할 때 만족한다. 그러나 우리는 만족이 실제로 주체적 죽음의 한 형식이라고 반박한다. 개별자는 있는 그대로의 세계에 대한 순응으로 환원될 때 유적인 주체가 될 수 없기 때문이다. 그러나 개별자는 유적인 주체가 될 능력이 있다.

해방의 과정에서 우리는 행복이 만족에 대한 변증법적 부정이라는 사실을 경험한다. 행복은 단언, 창조, 새로운 유적 속성의 편에 놓인다. 만족은 프로이트가 죽음 충동[35]이라 명명한 어떤 것에, 주체성이 대상성으로 떨어지는 격하의 편에 놓인다. 만족은 세계가 개인에게 제공하는 '좋은 장소'를 물색하고 이를 얻어 그곳에 머물고자 하는 정념이다.

바로 여기에 이 책 전체가 해방의 후사건적 과정(정치), 창조(예술), 발명(과학) 그리고 자기와 다른 것이 됨이라는 의미에서 변화(사랑)로서의 행복과 주체화의 밀접한 관계를 이야기하는 이유가 있다.

이 지점에 이르러서야 우리는 '어떻게 세계를 변화시킬 것인가?'라는 제목을 구성하는 것이 무엇이냐는 질문으로 되돌아갈 수 있다.

답은 이렇다. 국지적 사건의 귀결을 이루는 주체의 일부분이 됨으로써 세계를 변화시킬 것이다. 또한 이렇게도 말할 수 있다. 사건에 충실함으로써, 자유와 규율의 등가성을 만들어 냄으로써, 만족의 독재와 죽음 충동의 힘에 대한 승리가 될 새로운 형식의 행복을 발명함으로써 세계를 변화시킬 것이다. 우리는 행복이 변화의 과정에 예정된 대상성[객관성]이 아니라 이 과정 자체의 창조적 주체화라는 사실을 경험할 때 세계 속에서 무언가 변화하는 중이라는 것을 안다. 세계는 우리가 생

쥐스트처럼 행복이 하나의 새로운 개념이라고 선언할
수 있을 때 변화한다.

이러한 통찰은 마르크스의 혁명 관념에서 근본적
인 것이다. 우리가 아는 그대로, 마르크스에게 집합적
정의(justice)에 붙여진 새로운 가능성의 이름은 '공산주
의'였다. 혁명적 사건으로 드러난 자본주의의 부정적
제약은 명확히 자본주의에서 평등은 불가능하다는 것
이다. 결과적으로 '공산주의'는 이 불가능성의 정치적
가능성, 곧 평등의 가능성에 붙여질 이름이다. 그러나
『경제학 철학 수고』나 유명한『공산당 선언』에서 보는
것처럼, 마르크스는 공산주의가 새로운 사회나 추상적
정의 관념을 계획하는 것이라고 생각하지 않는다. 공산
주의는 오래된 사회가 역사적으로 붕괴하는 과정을 가
리키는 이름이다. 그러므로 변화시킨다는 것은 결과를
얻는다는 의미가 아니다. 결과는 변화 자체에 있다.

이 통찰은 의심의 여지 없이 보다 일반적인 층위에
서 해석될 수 있다. 즉 행복은 모든 사람이 각자 만족할
가능성이 아니다. 행복은 모든 사람이 저마다 만족을 얻

는 좋은 사회를 가리키는 추상적 관념이 아니라는 말이다. 행복은 어려운 과제를 수행할 주체성이다. 사건의 귀결과 화해하고, 세계 속 우리의 무미건조하고 침울한 실존 속에서, 단정적인 실재로부터 주어진, 빛나는 가능성들을 찾아내는 과제이자, 이 세계의 법칙이 은밀하게 부정하는 그런 것이다. 행복, 그것은 세계의 관점에서 불가능했던 무언가의 강력하고 창조적인 실존을 향유하는 것이다.

어떻게 세계를 변화시킬 것인가? 그에 대한 답은 진실로 유쾌한 것이다. 행복해짐으로써. 그러나 우리는 그에 대한 대가를 치러야 하며, 이는 때로 정말 불만족스러운 일이 될 것이다. 하나의 선택, 우리 삶의 참된 선택. 그것은 진정한 삶에 관한 진정한 선택이다.

랭보는 "진정한 삶이란 없다."[36]라고 썼다. 내가 여기에서 단언하고자 하는 모든 것은 다음처럼 요약된다. 자, 이제 참된 삶이 있는지 당신이 결정할 차례이다. 새로운 행복을 선택하고, 그 대가를 치르라!

4 철학의 목적과
정동들

앞서 세 장에서 본 그대로, '행복'은 서로 구별되는 진리 절차들에 연결된 여러 정동들을 종합하는 단어이다. 『세계의 논리』에서 나는 처음으로 진리에 대한 개별자의 참여가 하나의 정동으로 표현되며, 각각의 진리 유형에는 서로 다른 정동이 있다는 점을 명시적인 방식으로 지적했다. 위 책의 끝에서 나는 다음의 각 정동의 명칭에 집중해서 정치적 행위에 관해 '열정(enthousiasme)'을, 과학적 발견에 관해 '지복(béatitude)'을, 예술적 창조에 관해 '즐거움(plaisir)'을, 그리고 사랑의 노고에 관해 '기쁨(joie)'을 말한다. 사실 나는 이 정동들을 제대로 묘사하지는 않았다. 나는 이 정동들의 개별적인 가치에 관한 현상학에 파고들지 않는다. 어쩌면 『존재와 사건』 시리즈의 세 번째 권인 『진리들의 내재성』을 쓰게 되면 부분적으로나마 이런 문제를 손봐야 할지도 모르겠다. 다른 책들 사이에서 이 책은 개별자가 진리 절차에 통합되어 이념에 붙잡힐 때 개별자에게 일어나도록 정해진 것의 집합을 다루게 될 것이다. 나는 새로운 논점들에 착수할 텐데, 특히 정동들의 구별이라는 논점에 접근할 것이다. 이를테면 지복은 즐거움이 아니며, 즐거움은 기쁨이 아니고, 열정은 다른 세 정동과 다르다는 점에 관해서 말이다.

그러나 『존재와 사건』 그리고 『세계의 논리』 이후 세 번째 책이 필요한 이유는 무엇이란 말인가? 그리고 그 책은 어떤 점에서 보다 특별하게 정동들의 본성을 다루며, 따라서 철학과 행복의 이념 간의 관계를 다루게 되는가?

우선 사태를 조망해 보자. 충분히 간단히 살필 수 있을 것이다. 『존재와 사건』은 여러 차례 쌓아 올릴 구축물의 첫 부분으로, 특히 존재의 문제에 관련된 부분이라 볼 수 있다. 여기에서 존재, 아리스토텔레스가 이름 하는 그대로 "존재로서의 존재"란 무엇인가? 나의 존재 론적 주장은 존재로서의 존재가 순수한 다수성, 말하자 면 원자들로 구성되지 않은 다수성이라는 것이다. 존재 는 분명히 원소들로 구성되지만, 여기에서 이 원소들은 그 자체로 다수성들로 구성된 다수성들이다. 우리는 어 쨌든 정지점(point d'arrêt)에 이르겠지만, 이 정지점은 결 코 일자(Un)가 아니며(일자는 불가피하게 하나의 원자이다.) 오히려 공백(vide)이다.[37] 그러니까 존재에 관한 내 주장 은 바로 이러한 것이다. 존재의 인식에 관해서 존재론 (존재에 관한 담론)과 수학을 동일시해야 한다. 이때 수학 이란 그 자체로 순수한 다수의 과학으로 간주되는 수학, 그러니까 '성질 없는'[38] 그리고 일자 없는 다수의 과학 으로 간주되는 수학이다. 달리 말해서 『존재와 사건』은 진리들의 이론을 대위법적으로 전개하는데,[39] 이는 진 리들의 '형식적' 이론이다. 진리들은 모든 사물이 그렇 듯 다수성이다. 진리들의 단독성은 진리들이 사라지는 다수성에, 즉 일어나는 상황 안에 어떠한 토대도 갖지 않는 다수성인 사건에 의존한다는 점에 있다. 어떤 하나의 진리는 사건의 귀결로부터 구성되며 따라서 토대 지어지지 않는 존재에 달린 다수성이다. 그렇다면 관건은 진리라 명명될 이 역설적이며 매우 희소한 다수성이 어떤 종류의 다수성인지 아는 일이다. 그러므로 이 책은, 때때로 일어나는 토대 없는 돌발로부터 영향받는 순수한 다수에 관한 이론이라는 틀 안에서 존재의 이론과 진리들의 이론을 동시에 다룬다. 그런 관점에서 이 존재론적 기획에 잠재된 정동은 우선적으로 과학적 이해(그 발생에 관해 이는 다수성들의 수학이다)를 낳는 지복이다. 한밤중에 무익한 노력을 하며 많은 페이지를 휘갈겨 쓴 후, 갑작스럽게 어떤 증명의 구조와 이 증명이 이론 전체에 부여하는 의미가 밝혀질 때 찾아오는 상태를 경험해 본 사람이라면 누구라도 내 말을 이해할 것이다. 지복은 존재로서의 존재가 순수함의 글쓰기로 포착될 때 넘쳐 나오는 행복의 이름이다.

이 구축물의 두 번째 부분인『세계의 논리』는 나타남(apparaître)의 문제에 착수한다. 관건은 존재로부터 결정된 세계에서 나타나 이 세계의 대상들 간의 관계들을 형성하는 어떤 것에 관한 이론이다. 나는 집합의 구성을 담당하는 이러한 부분이 논리라고 말한다. 존재하는 것의 구성이 아니라, 세계에 국지적으로 나타나는 모든 사물들 사이의 관계를 대상으로 하는 이상, 논리는 중요하다. 요컨대 존재의 이론에 이어 (헤겔에 가까운 용어를 사용하자면) 거기 있음(l'être-là)[40]의 이론이 뒤따르는 것이다. 이를테면 어떤 단독적인 세계의 관계들 안에 놓여 정돈되는 존재의 이론 말이다. 이에 잠재된 정동은 분명 우선적으로 예술 작품의 즐거움과 사랑의 기쁨인데, 그 이유는 하나가 다른 하나와 같이 근본적으로 하나 또는 여러 관계들의 향유에 연결되기 때문이다. 이러한 향유는 예술의 경우에 모든 형식 아래 놓인 감성과의 관계나, 랑시에르의 의미에 따른 [감성의] '분할(partage, 나눠진 몫)'의 다양한 계기들, 그리고 사랑의 경우 고독에서 구원된 세계의 횡단에 관해 차이와 사랑의 마술적 힘으로 직조되는 내밀한 변증법적 경험에 있다.

『세계의 논리』에서 진리의 문제는 당연히 재편된

다. 『존재와 사건』은 진리들의 존재를 특별한 다수성으로 다뤘다. 이는 수학자 폴 코언(Paul Cohen)[41]을 따라서 유적인 다수성이라 명명했던 어떤 것이다. 『세계의 논리』에서는 실재적인 몸들(corps réels)과 그 관계들의 논리에 관한 문제, 특히 진리들의 나타남에 관한 문제로 진입한다. 세계 내에 나타나는 모든 것이 몸이라면, 진리의 몸에 관한 문제에 접근해야 한다. 그러므로 이 두 번째 책의 목표는 대체로 몸의 이론인데, 이는 또한 진리의 몸에 대한 이론이 될 수도 있다. 반면 첫 번째 책은 다수성의 이론을 목적으로 하며, 이는 다수성, 곧 유적인 다수성으로서 진리의 이론이 될 수도 있다.

진리의 몸에 관한 질문이 중심이 된다는 것은 (형식화된 감성의) 즐거움과 (다른 한편으로 세계의 지상권을 지닌 것으로 성별화된(sexué) 둘의) 기쁨이 이 층위에서 행복에 관해 가장 명료하게 탐험된 형식들이라는 점을 명확히 밝힌다.

세 번째 책의 기획은 '진리의 관점에서' 사물을, 따라서 존재와 나타남을 검토하는 것이다. 첫 번째 책의

질문은 이를테면 '존재와 관련해 진리들은 무엇인가?'
이다. 두 번째 책의 질문은 '나타남과 관련해 진리들은
무엇인가?'이다. 세 번째 책에서 할 질문은 '진리들의
관점에서 존재와 나타남은 무엇인가?'가 된다. 그러므
로 이제 바로 이 질문을 검토할 것이다.

　문제는 이 세 번째 단계에 이르는 작업이 긴 우회와
매우 어려운 질문들을 전제한다는 점이다.

　하나의 진리는 인간의 관점에서, 인간학의 관점에
서 개별자의 더 큰 규모의 집합에 대한 통합으로 구성
된다. 그러므로 나는 진리의 과정 자체의 내부에서 검토
할 때 세계와 세계에 속한 개별자들이 현시되는 방식과
개별자들이 배치되는 방식을 알 필요가 있다. 이것은 어
떤 의미에서 앞선 두 책의 관점을 뒤집는 질문이다. 앞
에서는 존재의 관점에서 그리고 세계의 관점에서 진리
들이 무엇인지 물었다면, 이제부터는 진리들의 관점에
서 존재와 세계가 무엇인지 묻는다. 그래서 우리는 층위
의 문제들에 부딪히게 된다. 진리들은 존재로서 본질적
으로 무한하지만, 몸들은 세계 내에 나타나기에 어찌할

수 없을 정도로 유한성으로 점철되어 있다고 여겨진다. 기이하게도 무한 개념이 유한 개념보다 "더 명료하다" 고 본 데카르트 이래, 그러니까 오늘날, 어쨌든 근대 이래 철학을 괴롭혀 온 이 유한과 무한의 변증법을 어떻게 제시해야 하는가?

행복은 이 사안에 분명하게 함의되어 있다. 이에 관한 간단한 정의를 제시할 수 있다. 완전한 행복은 무한에 대한 유한한 향유이다.

물론 앞선 두 작업에서 이러한 난점에 관한 밑그림을 찾을 수 있다. 『존재와 사건』은 특히 사건 이후 산출된 진리들이 작동하는 장소로서의 세계에 무한한 진리들이 회귀하면서 일어나는 효과를 다루는 상당히 복잡한 이론을 담고 있다. 이 효과는 '지식(savoir)'의 형상에 있다. 『존재와 사건』의 테제는 지식이, 새로운 지식이, 지식의 창조가, 진리가 존재론적 상황을 달리 해명할 방식이 요구되리라는 것이다. 플라톤에게서도 그렇듯이 우리는 외양(apparences)의 동굴[42]에서 나와 이념(이데아)에 이르지만, 이념에 따라 실존하는 것을 해명하기 위해 위험을 무릅쓰게 되더라도 동굴 안으로 다시 들어가야 한다. 실제로 동굴로 돌아가는 순간이 가장 위험한데, 이때는 진리라고 생각하는 것의 관점에서 나타나는 그대로의 세계에 관해, 따라서 지배적인 이데올로기들에 관해 말하는 순간이다. 하지만 플라톤에게는 오직 이 위험만이 이념을 그리고 진리에 연결된 행복을 완성한다. 동굴에 돌아가기를 거부하는 자, 곧 참된 것의 보편성을 분유할(partager) 의무를 피하는 자는 사실상 이념의 소유로 만족한다고 할 수 있다. 그는 다만 그 분배 (partage, 몫의 나눔)에서 얻을 수 있는 행복을 무시하는 것이다.

이 복귀의 문제를 나는 『존재와 사건』에서 강제[43]의 이론이라는 이름 아래 첫 번째로 다룬 바 있다. 우리는 새로운 진리에 입각한 공통적 지식의 전환을 '강제'한다. 이것은 상당히 복잡한 이론이다. 진정 플라톤에게서 동굴로의 복귀에 관한 이론이 그런 것처럼 말이다. 플라톤은 결국 그다지 대단한 이야기를 하는 것이 아니다. 이 복귀가 매우 위험하고 어려우며 필요한 만큼이나 불확실하다는 이야기 빼고는 말이다. 플라톤은 우리에게 이 복귀가 강제되어야 한다고 말하는데, 그러지 않는 이상 우리는 진리에 대한 관조라는 평온한 영역에 머물며 〔사실상〕 만족에 그치고, 〔결코〕 행복으로 상승하지 못할 것이다. 『존재와 사건』 중 진리와 지식의 관계에 관해 사용된 강제라는 용어는 여기에서 완전히 적합한 자리를 찾는다. 이는 당연하고도 자연 발생적인 절차가 아니다. 완전한 행복은 어떤 의미에서 의지의 힘으로 획득된다.

『세계의 논리』에 관해 이야기하자면, 이 책은 강제의 이론이 아니라 진리의 몸 구축에 관한 구체적인, 나타나는, 경험적인 조건들의 현상을 가로질러 세계의 단독성과 진리의 보편성 간의 내밀한 관계를 다루는 이론을 담고 있다. 나는 진리가 몸(corps)이라고 주장한다. 이런 맥락에서 진리는 거기 있는 것, 다시 말해 다른 개별자들의 몸과 관계되며, 바로 이러한 것을 나는 통합(incorporation)이라 부른다. 통합은 세계 내에서 진리가 발생하는 방식에 관해, 그리고 진리가 발생하는 방식과 세계 자체를 이루는 질료의 관계, 즉 몸과 언어의 관계에 관해 해명해 준다. 『세계의 논리』에서 나는 다음 정식으로 논의를 시작한다. "세계 내에는 몸들과 언어들만이 있을 뿐이지만, 그 예외로 진리들이 있다." 나는 이 '그 예외로'라는 표현을 유물론적으로 검토하는 중요한 작업에 착수한다. 진리들 또한 몸들과 언어들이며, 주체화될 수 있는 몸들이다. 진리들의 몸들과 언어들에 대한 관계를 해명하기 위해 나는 『존재와 사건』에서 사용된 강제 개념의 등가물이 되는 "양립 가능성(compatibilité)" 개념을 사용한다. 진리의 몸은 기술적인 동시에 기본적인 의미에서 양립 가능한 원소들로 구성된다. 즉 〔몸들 및 언어들과〕 같은 원소들에 의해 주도된다.

본질적으로 진리는 언제나 필연적으로 양립 가능하지 않은 무언가를 양립 가능하게 만드는 어떤 것에 의해 단일화되거나 지배되거나 조직되는 다수성이다. 매우 단순한 예를 들자면, 혁명적 정당이라는 것에 관한 구상의 상당 부분은 지식인과 노동자가 양립 가능하게 할 이론을, 그리고 정상적으로는 양립 가능하지 않은 계급들을 정치를 통해 양립 가능하게 하는 이론을 만들어 내는 데 있다. 조직적인 지식인층에 관한 그람시의 이론과 비슷한 다른 이론들이 바로 이 유형에 속한다. 이러한 이론들은 계급 차이들을 그저 불화로 다루지 않으며, 실존하지 않는 계급들 간의 양립 가능성에 관한, 이에 따라 예컨대 계급들의 연합에 관한 이론을 만들어 낸다. 미학에서도 같은 차원의 상황이 주어진다. 주체로 간주되는 예술 작품[44]은 양립 가능하지 않으며 완전히 분리된 것으로 간주되던 사물들 간의 양립 가능성을 야기한다. 한 폭의 회화는 조화를 이룰 것으로 보이지 않는 색채들 사이에, 그리고 괴리적인 형상들 사이에 양립 가능성을 만들어 낸다. 회화는 형상들과 색채들을 우월한 유형의 양립 가능성 안으로 통합시킨다.

요컨대 존재론적 층위에서 강제라는 개념과 현상학적 층위에서 양립 가능성이라는 개념은 앞서 진리와 진리가 펼쳐지는 상황 간의 관계를 다루며, 또한 암시적으로 다른 사물들 사이에서 실재적 행복의 열쇠가 되는 유한과 무한 간의 새로운 변증법을 다룬다. 세 번째 책은 이 모든 것을 체계화할 것이다. 이 책은 어떤 의미에서 진리의 다른 유형들 안에 자리 잡고 이런 질문을 묻게 될 것이다. 진리의 관점에서 세계 전체에 대해 논할 때 일어나는 일은 무엇인가? 존재론적 측면에서 하나의 상황으로 구성된 어떤 평범한 다수성에 관해 유적인 다수성의 관점을 받아들인다면 존재론적으로 어떤 일이 일어나는가? 이런 틀 안에서 나는 개별자의 층위에서 통합의 과정을 나타내는 단독적인 정동들을 다룰 것이다. 사랑의 기쁨은 어떤 것인가? 미학적인 즐거움이란 무엇인가? 과학적인 지복이란 무엇인가? 정치적인 열정은 어떤 것인가? 『진리들의 내재성』에서 이 모든 것이 체계적으로 연구될 것이다. 나는 이런 방식으로 유한과 무한에 관한 근대적 이론의 도움을 받아 행복에 관한 일종의 사변적 과학에 이를 수 있기를 희망한다.

결국 앞으로 쓰일 이 책의 구조는 아주 단순하다. 내가 서두에서 보다 기술적이면서도 엄밀한 주요 전개부로 계획하는 문제에 관해 간결하게 설명하자면, 그것은 진리에 통합된 개별자들과 평범한 다수성들 간의 관계(이 다수성들의 존재에서, 또한 그 세계 내 나타남에서 사유된)에 관한 문제이다. 이러한 시작은 매우 단순한 발상을 둘러싸고 조직될 터인데, 바로 진리에 대한 통합이 개별자들의 유한한 차원과 모든 진리 과정들의 무한한 차원을 접합하는 변함없이 새로운 방식이라는 것이다. 그러므로 그 저변에 깔린 형식론은 필연적으로 유한한 다수성들과 무한한 다수성들 간의 새로운 변증법이 될 것이며, "매우 큰 무한수들(trés grands infinis)"에 관한 근대적 이론을 수학적 지지대로 갖출 것이다. 내 생각에 이 이론은 행복을 다루는 모든 동시대 철학에 중요한 조건이다. 이것이 그러한 조건들 중에서도 특히 중요한 이유는 기껏해야 만족을 산출할 뿐인 약한 무한(les infinis faibles)과 실재적 행복을 좌우하는 돌발을 산출할 강한 무한(les infinis forts)을 구별하는 데 이르기 때문이다. 다음으로 구상하는 두 번째 부분에서는 진리들의 관점에서 세계에 대한 관계들을 조직하는 일반 법칙들과 형식적 장치들을 끌어낼 것이다. 이에 따라 개별자의 (진리의 몸에 대한) 통합과 이를 표시하는 정동들에 관한 일반 이론을 얻게 된다. 우리가 물을 질문은 다음과 같다. 진리들의 관점에서 세계의 규명이란 어떤 것인가? 장애물은 무엇인가? 승리는? 실패는? 창조는? 그리고 세 번째 부분에서는 각각의 진리 절차들에 관한 사안들의 고찰을 재개해서 예술과 과학과 사랑과 정치를 함께 다루는 체계적인 이론을 제시할 것이다. 그러한 이론은 내 작업의 여러 부분에서 소묘되기는 했지만 결코 완전하게 제시된 적은 없다. 현재 작업 상태에서 『진리들의 내재성』에 관한 이상적인 계획은 이런 것이다.

내가 강조하고 싶은 사실은 두 번째 부분에서 네 가지 진리 절차들 사이에 공통적인 것과 그 절차들의 사실상 가능한 통일성에 관한 이론의 제시를 고려한다는 점이다. 이 부분은 실제로 진리들의 이론에 대한 개정을 내포하겠지만, 이번에는 진리들 자체의 관점에서 수행하는 개정이다. 관건은 무엇이 진리들 자체로 판별되느냐이며, 더 이상 무엇이 진리들과 익명의 존재나 세계의 대상들을 구별하느냐가 아닐 것이다. 하지만 또한 철학에 관한 나의 질문을 계속해 나가는 것이 중요할 것이다. 잘 알려진 그대로, 『철학을 위한 선언』에서 나는 철학이 네 가지 조건들을 위한 공가능성(compossibilité)의 장소, 공존(coexistence)의 장소를 창조하는 것이라 정의했다. 그 외에 아직 남아 있는 사안은 철학이 이 절차들을 통합했던 '삶의 모습'에 근거하지 않는 것은 아닌가의 문제를 검토하는 일이다. 흔히 나에게 제기되는 이 문제를 나는 정면으로 반박하려 한다. 즉시 알게 되듯 여기에서 관건은 내가 이미 참된 삶이라 명명한 어떤 것이지만, 진리의 네 가지 절차를 한꺼번에 받아들이는 것이 관건일 때 오히려 다음과 같은 문제가 제기되기 때문이다. '완전한' 삶이란 무엇인가? 참된 삶의 문제는 『세계의 논리』 마지막 부분에서 이미 다룬 문제이다. 랭보는 없다고 말하는, 그러나 나는 현존할 수 있다고 주장하는 그러한 참된 삶이란 무엇인가? 내 대답은 이러하다. 참된 삶은 이념의 표지 아래 살아가는 것, 이를테면 결과적인 통합의 표지 아래 살아가는 것이다. 『진리들의 내재성』에서 최종적인 질문은 유사하지만 다른 것이다. 이념들 중의 이념, 곧 완전한 삶의 이념은 있는 가? 우리는 이런 방식으로 고대의 지혜가 품었던 야심 으로 되돌아간다. 우리는 완전한 삶을 향한 최초의 열망 을 되찾게 되며, 완전한 삶의 열망은 단지 이념과 진리 로 표명될 뿐 아니라, 완성된 삶, 곧 진리에 관해 경험 할 수 있는 모든 경험을 거친 삶이라는 개념으로도 표 명된다.

이러한 질문은 철학적 주체가 실존할 수 있다는 가 정에 이르는가? 주체의 정동은 바로 그 힘 아래 즐거움 과 기쁨과 지복과 열정을 포섭할 행복이라는 정동인가?

이에 대해서는 명백한 반론이 있다. 이를테면 네 가 지 조건들 가운데 있는 것, 예술에서 정치와 사랑을 거 쳐 과학에 이르기까지 개념적으로 순환하는 무엇은 바 로 철학 자체이며, 실존을 의심받는 철학적 주체가 아니 라는 것이다. 어쨌든 세 번째 책에는 주체의 문제가 출 몰한다. 나는 줄곧 철학이 다른 진리 절차들과 같은 하 나의 진리 절차라는 테제를 부인했다. 철학이 진리 절차 들과 같을 수는 없다. 철학은 진리 절차들의 실존에 의

존하지만, 예술과 과학과 사랑과 정치가 철학의 실존에 의존하지는 않기 때문이다. 그러므로 철학이 네 가지 유형의 진리 절차들과의 관계에 따라 변경된다는 점은 명백하다. 하지만 철학적 주체의 장소를 알 수 있느냐는 문제가 열려 있다. 철학적 주체가 있다면, 무엇이 관건인가? 철학에 접근하는 것은 무엇인가? 철학 안에는 어떤 것이 있는가? 정치적 투사나 예술가나 학자나 연인에게서 찾을 수 있는 통합[45]의 의미로 보자면, 분명히 철학적 통합이란 없다. 그렇지만 우리는 철학 안에서 일관적인 사유에 접근할 수 있다. 질문은 열린 채로 남는다. 철학의 주체가 실존한다고 가정한다면, 그 장소는 어디인가? 내 은유들에서 암시되는 것처럼 주체는 부재하는 중심인가? 철학이 소위 진리의 주체라는 것에 관한 일반적인 교설을 정립한다는 점은 명확하다. 그러나 우리는 어떻게 이러한 철학적 정립에 진입할 것이며, 그로부터 어떻게 자양분을 얻을 것인가? 철학은 어떤 새로운 방식으로 진리 절차들에 관한 성찰을 가능하게 하는가? 결국 철학은 어떻게 참된 삶 혹은 완전한 삶을 향한 길을 열 수 있는가? 이것이 내가 제기할 문제들이다. 분명히 이 질문들에 대한 나의 접근법은 대개 어느 정도는 유동적이었다. 나는 규정되지 않은 문제를 앞에 두고 있다. 내 철학이 체계적이기 때문에 모든 문제를 해결했다고 우길 수는 없지 않은가!

지금까지 나는 특정한 문제들에 부정적으로 접근했다. 그러니까 이를 정립하기보다는 거부하는 경향이 있었다는 이야기다. 이에 따라 나는 철학이 일반 수사학이므로 전반적인 정세의 총합(unification)[46]일 뿐이라고 주장하는 소피스트적 테제를 거부해 왔다. 20세기라는 언어적 전환점은 철학을 일반 수사학에 동화시키는 유형의 교설과 근본적으로 맞닿는다. 이는 마침내 존재론은 없으며 오직 담화론(logologie)이 있을 뿐이라는 바바라 카생(Barbara Cassin)의 테제에 이른다. 언어는 존재의 형식으로 정립된 모든 것을 재단하고 구성한다. 20세기에는 학문적이면서도 비판적이며 반교조적인 경향이 식별되는데, 이러한 경향은 점차 언어의 창조적인 힘을 중심으로 집중된다. 데리다는 이 분야의 정묘한 대가였다. 내가 보기에 이 경향은 철학을 일반 수사학으로, 혁신적이며 근대적인 수사학으로, 사람들이 바랄 법한 모든 것으로 만든다. 그러나 여러 차례 반복하여 말했던 것처럼 나는 이 영역에 있지 않다. 플라톤과 소피스트들 사이에 오간 논의에서 나는 주저 없이 플라톤의 계보로 들어간다. 우리가 이미 아는 그대로 플라톤의 『크라튈로스』에서 철학자는 말이 아니라 사물에서 출발한다고 했다. 나는 여기에 소피스트들의 교설이 만족의 이론이며 결코 행복의 이론이 아니라는 점을 덧붙인다. 소피스트적 교설은 유한을 체념적으로 받아들이며 무한을 완전히 무시하기 때문이다.

그런 이유로 철학에 다가가는 접근에 관해, 그리고 행복에 대해 묻는 마지막 질문에서 그러한 접근의 역할에 관해 앞서 취했던 나의 몇 가지 입장은 부정적인 방식에 따른 것이었다. 나는 철학적 작용(opérations)[47]이라 명명했던 것을 보다 긍정적인 방식으로 지시했다. 그러므로 나는 사건이 아니라 작용을 말한 셈이다. 내가 보기에 '둘(Deux)'이 그러한 작용 가운데 있다는 점은 이론의 여지가 없다. 먼저 확인(identification)의 작용이 있는데, 철학은 특히 당대의 진리들에 관해서 하나의 진리로서의 어떤 것에 따라 일신된 개념의 구축을 매개로 진리들의 좌표를 찍는다. 두 번째 작용으로 철학은 진리라는 범주를 매개 삼아 진리들의 상이하며 이질적인 영역들을 공가능한 것들로 만든다. 관건은 식별의 기능(function)[48]과 총합의 기능이다. 철학은 항상 이 둘 사이에서 포착된다. 식별은 비판적인 이해 그리고 참인 것과 참이 아닌 것의 구별로 귀착되며, 총합은 전체성이나 체계라는 범주의 다양한 용법들로 귀착된다.

나는 철학의 이러한 두 가지 고전적인 기능을 보존한다. 뿐만 아니라 줄곧 나는 스스로 고전주의자라 단언해 왔다. 나는 철학이 그 자체의 조건들과 동시대 진리의 범주들을 만들어서 이 조건들을 식별하고 분리해 내며, 이 조건들은 평범한 세계의 추이(推移)로 환원될 수 없음을 명백히 한다. 다른 관점에서 보자면, 철학은 어떤 의미에서 동시대성의 개념을 사유하며, 철학의 조건들이 어떻게 주체를 포함하는 시대와·사유의 원동력을 구성하는지 보이고자 한다. 이런 의미에서 철학은 완전한 실재적 행복의 가능적 지평을 지시한다.

그러나 더 나아가 철학과 삶의 관계가 어떤 것인지 물어야 한다. 이것은 시원적인 질문이다. 참된 삶의 관점에서 철학이 어떤 역할을 하는지 이야기할 수 없다면 철학은 그저 아카데미의 보충적인 분과학이 될 뿐이다. 그러므로 세 번째 책 또한 이 질문에 대한 전면적인 접근의 가능성을 만들어 내기 위해 노력할 것이다. 여기에서는 철학과 행복의 관계에 관한 플라톤주의의 질문을 다시 펼치는 것이 관건이 되리라 여겨진다.

요컨대 진리들의 보편적 단독성에 관한 부정적 교설에서 내재적이면서도 긍정적인 교설로 이행해야 한다. 나 자신이 한동안 진리들에 관해서, 따라서 주체에 관해서 오로지 차이에 따르는 방식으로만 논했다는 사실은 놀라울 지경이다.(주체는 진리의 진로를 구성하는 프로토콜이며, 진리와 주체는 전적으로 연결되어 있다.) 나는 진리가 어떤 유형의 다수성인지 자문한다. 진리를 여느 평범한 다수성과 구별하는 것은 무엇인가? 이것은 『존재와 사건』의 근본적인 주제였다. 그러므로 이미 이 시기에 나는 예외에 관심을 두고 있었다. 진리가 세계의 법칙에서 예외라면, 우리는 이 예외가 어디에 있는지 설명할수 있어야 한다. 만일 진리가 존재론의 영역, 곧 존재에관한 이론이자 존재에 관한 수학적 이론의 영역에 있다면, 우리는 수학적으로 어떤 유형의 다수성이 진리들을단독화하는지[49] 설명할 수 있어야 한다. 집합론과 코언의 정리들에 의지해 나는 이 다수성이 "유적인 것"임을증명했다. 달리 말해서 이는 사용 가능한 지식을 통해사유될 수 없는 다수성이다. 사용 가능한 지식의 어떠한술어도 이 다수성이 확인되도록 하지 못한다. 바로 이를확인하는 데 쓰이는 코언의 기법은 식별 불가능한 다수성이, 즉 지식들 가운데 유통되는 술어들로 식별되지 않는 다수성이 실존할 수 있음을 증명한다. 이런 방식으로진리는 그 존재의 층위 자체에서 지식을 벗어난다. 진리에 관한 명확한 한정은 이런 것이다. 이를테면 진리는유적인 다수성이다. 그러나 이를 면밀하게 살펴보면 부정적인 한정이 문제이다. 즉 진리는 사용 가능한 지식으로 환원될 수 '없는' 다수성이다. 진리에 관한 나의 정의는 그러므로 고유하거나 내재적인 구성이 아니라 차이에 따른 과정으로 이루어진다.

『세계의 논리』에서 진리는 주체화될 수 있는 몸으로 정의된다. 그러한 몸의 고유한 특징은 무엇인가? 여러 가지가 있지만, 그중 중심적인 것이 하나 있다. 바로 이 몸의 구축에 관한 프로토콜이 몸을 구성하는 모든 것의 양립 가능성을 말한다는 점이다. 그럼에도 이 양립 가능성은 본질적으로 오직 진리로서의 어떤 것이 지닌 하나의 합리적 특징일 뿐이다. 어떤 진리의 내부에서 우리는 모든 원소들 간의 양립 가능성이라는 관계를 발견한다. 이는 하나의 대상적 특징이다. 이러한 두 가지 사실에 따라서 나는 유적인 성질과 양립 가능성이라는 개념들을 사용해 진리의 존재와 진리의 나타남 각각을 대상적으로 엄밀히 한정하는 데 이르게 된다. 그러나 여기에는 주체적 한정이 빠져 있다. 이 모든 것은 우리에게 진리 절차 내부에서 경험된 진리가 어떤 것인지, 다시 말해 진리가 진리의 주체 자신에게 어떤 것인지 말해 주지 않는다.

내 생각에 이 질문들에 대한 내 대답은 매우 기능적이다. 나는 주체가 존재론적 층위에서 하나의 지점(point),[50] 곧 진리의 국지적 계기라고 주장한다. 현상학적 층위에서 나는 주체가 주체화 가능한 몸의 구축을 방향 짓는 기능이라고 주장한다. 기능적인 정의는 그 자체로 대상적인 것으로 남는다. 이제 내재적인 방식으로 진리의 프로토콜을 물질화하고 기입하며 조직하는 어떤 것에, 이를테면 있는 그대로의 주체성에 이르러야 한다. 『주체의 이론』에서 나는 "주체적 과정(procès subjectif)"과 "주체화(subjectivation)"를 구별했다. 『존재와 사건』과 『세계의 논리』가 "주체적 과정"에 관해 결정적인 사항들을 담고 있기는 하지만, 나는 이 구별을 활용해서 "주체화"가 부정적이며 순수하게 차이에 따른 방식으로 다루어지기에 모호하게 남아 있다고 주장할 것이다. 말하자면 주체화가 무엇인지에 관한 직관이 결여된 것이다. 그렇지만 이 책에서 여러 차례 언급한 것처럼, 행복은 결정적인 방식으로 주체화에 연결된다.

그러나 어떤 방식으로 주체화를 설득력 있게 논할 것인가? 이와 같은 논의의 형식적 프로토콜은 어떤 것인가? 어쨌든 당장 한 가지 아는 것은 있다. 바로 이런 논의가 부정의 범주에 대한 형식적 전환을 전제할 것이라는 점이다. 특히 이런 논의는 '강한' 부정(마르크스주의 정치의 전통에서 적대적인 혹은 '화해할 수 없는' 모순이라 말하는 부정)이 제기되는 동시에 '약한' 부정(해체적이지 않은 모순, 즉 두 항들 중 하나를 죽여야 한다고 상정하지 않는 모순을 허용하는 부정)이 제기될 수 있다는 점을 전제한다.

그러한 개념의 연장선에서 우리는 새로운 형식화의 사용에 이르러야 한다. 진리의 주체적 프로토콜들이 진리의 변전을 향한 개별자들의 집결 또는 통합으로 구성된다면, 문제는 진리의 프로토콜 내부에서 개별화된 차이가 어떻게 기능하는지 아는 것이다. 이는 줄곧 내게 흥미로운 문제였다. 매우 간단한 예를 들어 보자. 두 사람이 그림 하나를 본다. 이러한 상황에서는 통합의 단편을 얻게 될 것이며, 이 단편은 어떤 특정한 정동으로, 지성의 작업으로, 그림에 대한 시선의 고정으로 표시된다.

나는 진리가 끊임없이 통합에 사용될 수 있음을 분명히 보이기 위해 창조자보다는 관람객의 관점에 선다. 이 통합이라는 주체화의 작용은 두 관람객에게 동일한 것인가? 관건은 동일성인가, 아니면 양립 가능성인가? 어쨌든 이 경험 가운데 있는 이중성(달리 보자면 수백만의 사람에게 이와 동일한 경험이 있을 수도 있다.)이 주체의 단일성을 망가뜨린다고 말할 수는 없다. 이는 어떻게 가능한가? 진리와 관계된 것에 대한 회의주의의 대부분은 이런 유형의 경험에 뿌리를 두고 있다. "저마다 자기 진리가 있다." 피란델로(Luigi Pirandello)[51]는 말했다. 저마다 자기 진리가 있다는 말의 함의는 모두의 진리는 없다는 것이다. 앞에서 든 그림의 사례에서처럼 한 사람의 인식이나 다른 사람의 인식에 따라 분리되는 단 하나의 대상이 있을 뿐이다. 우리는 즐거움, 곧 예술적 관조에 따른 행복의 종합적 형식이 별개의 분리된 만족에 의해서도 확산된다고 말할 수 있다.

여기에서 이 주체화의 확산(dispersion)이라는 문제는 어떤 이유로 부정과 관련되는가? 바로 이 확산이 귀착되는 부정의 유형이 무엇인지 아는 것이 난점이기 때문이다. 저마다 각자의 방식으로 그림을 보며, 한 사람의 인식은 다른 사람의 인식이 아니다. 그러나 '~이 아니다'라는 말은 무엇을 의미하는가? 인식을 탈구시켜 회의주의로 이끄는 것은 이 '~이 아니다'가 고전적인 부정이라는 관념, 말하자면 한 사람의 인식과 다른 사람의 인식이 모순적이라는 관념이다.

그렇다면 이러한 통상적인 부정의 회의적 귀결을 피하기 위해 어떤 부정의 이론에 의지해야 하는가? 그 대답은 초일관적 부정(paraconsistante négation)의 이론[52]에 의지해야 한다는 것이다. 브라질의 다 코스타(Newton Da Costa)[53]가 창안한 초일관적 부정은 모순율[54]의 유효성을 부정하는 (고전 논리와 직관주의 논리에 이어) 세 번째 유형의 논리이다. 무한의 이론에 관한 상세한 설명이라는 수단 이외에 세 번째 책에서 상당한 분량으로 소개될 새로운 형식론인 초일관적 부정은 명시적으로 무모순율[55]에 반대한다. 이 형식론은 하나의 진리와 관련해 모순적인 인식들이 진리의 통일성을 저해하지 않는 방식으로 공존할 수 있도록 한다. 이것이 관심을 끄는 이유는, 사랑에서 같은 종류의 문제가 제기되는 이상 나의 테제를 인정한다면 문제를 완전히 이해하기 위해 (어떤 의미에서 전적으로 괴리적인) 여성적 입장과 남성적 입장의 공존에서 논의에 착수해야 한다는 점이다.

그러니까 『존재와 사건』의 주요 형식론이 집합론과 코언의 정리였고, 『세계의 논리』의 주요 형식론이 집합 다발 이론과 위상학(topologie) 그리고 물론 전반적인 직관주의 논리(logique intuitionniste)였다면, 세 번째 책의 형식론은 근대적인 무한의 이론과 초일관 논리를 관계지을 것이며, 여기에 무모순율의 한계에 관한 전반적인 숙고가 더해질 것이다. 행복이란 무한의 유한 내부적(intra-finie) 주체화라고 할 수 있는 동시에, 나의 주체화가 타인의 주체화는 '아니지만' 그럼에도 서로 모순되지 않는다는 의미에서 공유되는 것이라고 할 수 있을 터인데, 그 이유는 이 부정이 초일관적인 것이기 때문이다.

그렇다면 여기에는 형식론이 없다. 형식론이란 사실상 개념적 건축물을 쌓아 올리기 위한 축조 방식일 뿐이며, 상당한 직관을 상정한다. 모든 철학자는 진리에 대한 주체적 접촉(어떤 의미에서 진리와 마주하는 그의 개인적 지점)에서 출발한다고 주장할 수 있다. 이 지점은 바로 그가 자기 철학을 통해 전달하고자 하는 무엇이다. 그러나 동시에 철학자는 이것이 전달될 수 없으며, 진리에 대한 자신의 절대적으로 고유한 접점임을 가슴 깊이 알고 있다. 이는 특히 플라톤이 "선(善)의 이데아"를 정의하면서 겪었던 어려움을 설명하지 않는가? 이 지점에는 말할 수 없는 것에 이를 위험이 있지는 않은가? 그런 지점은 다수의 철학적 배치에서 나타난다. 궁극적인 실재의 지점인 어딘가에 이르게 되는 것이다. 이 최종적인 지점은 라캉이 논한 바에 따르면 상징화되지 않는다.[56] 예를 들어 스피노자는 신의 지성적 직관으로서의 궁극적 지점을 명명하지만, 이로부터 실재적 직관이 주어지지는 않는다. 그 증거는 그에 가장 가까운 근사치가 수학적 지식에서 얻는 지복이지만, 그럼에도 수학적 지식은 2종 인식일 뿐이며 3종 인식이 될 수는 없다는 점이다. 그러니까 궁극적인 지점에 관한 직관은 [지식에서]

벗어난다. 플라톤에 관해서 말하자면, 『국가』에서는 오직 선의 이미지 외에 다른 무엇도 제시할 수 없다고 명시적으로 선언된다.[57]

『진리들의 내재성』은 부분적으로 이 지점에서 말할 수 없는 부분을 최대한 줄이기 바라는 희망에서, 이 지점을 최대한 포섭하려는 시도가 될 것이다. 이 지점에 관해 가능한 한 말할 수 없는 것을 줄이고, 또한 가능한 한 전달할 수 있는 것을 늘리는 방향이 관건이 되리라 여겨진다. 지금으로서는 이러한 방향을 따라서 어디까지 가야 할지는 잘 모르겠다. 그러나 상당히 유감스럽게도 여기에서 플라톤과 갈라서게 된다는 점은 알고 있다.

플라톤은 이데아의 철학적 경험에서 출발하지만, 그에게 이 경험을 전달할 필요성은 대체로 경험 자체의 내용 바깥에 있다. 이는 플라톤이 철학자는 정치가나 교육가가 되도록 강제해야 한다고 단언하는 이유이다. 선의 이데아로 이끌릴 때, 철학자에게는 오직 하나의 이데아만이 있을 뿐이며, 바로 여기에 머물러야 한다! 진리의 경험 바깥에서 오는 이러한 전달의 필요성은 플라톤에게 사회적이며 정치적인 요청이다. 진리의 경험은 사회의 일반적인 조직이라는 층위에서 공유될 수 있어야 한다. 진리의 경험을 전달하지 않는다면 사람들은 지배적인 의견의 영향 아래 놓인다. 그러므로 소크라테스가 말하는 의미, 그러니까 지배적인 의견에 종속되지 않도록 할 수단을 전달한다는 의미에서, 젊은이들을 "타락시켜야"[58] 한다.

나는 철학에 관한 이러한 견해를 전적으로 공유한다. 그리고 잘 알려진 그대로 나는 철학의 교육에 상당히 충실하다. 그러나 플라톤에게 진리의 본성이 무엇인지의 문제가 모호하다는 점은 인정해야 한다. 실제로 플라톤은 이러한 사안에 관해 이야기하지 않는다. 우리는 플라톤에 관해 절대적으로 모순적인 해석들이 제시되어 왔다는 사실을 안다. 플라톤은 갈릴레이나 다른 여러 사람들에게 과학적 합리주의의 예 자체로 비춰졌을 것이다. 반면 신플라톤주의자들에게 플라톤은 초월적인 신학의 예 자체로 간주되었다. 이러한 불일치는 플라톤 자신이 진리에 관해 그리 많이 이야기하지 않았다는 사실로 설명된다. 플라톤은 진리의 경험에 관한 이야기를 유보했다. 더 나아가 플라톤은 인류가 에우독소스와 칸토어 사이 2000년 넘게 기다려야 했던 무한 개념의 합리화나 무한의 수학적 복수화를 알지 못했을 것이다. 진리는 그것이 작동하거나 구성되는 장소가 되는 그러한 유형의 무한과 다른 유형의 무한에 속한다는 점을, 그리고 진(眞)무한(infini-vrai)은 존재하는 무한(infini-qui-est)이 아니라는 점을 명확히 말할 수 없다면[59] 진리가 무엇인지 사유하기는 매우 어렵다. 이것은 또한 행복에 관한 플라톤의 이론이 그저 행복의 원칙(행복은 진리의 주체화이다.)일 뿐이며, 그 가능성에 관해서는 추상적인 채로 남아 있는 까닭이다.

　나에게 진리들은 실존한다. 그렇기에 나는 진리들의 특징을 규정하며, 진리가 어떻게 그리고 무엇 때문에 실존하는지 명시적인 방식으로 말했고 또 말할 것이다. 전달이 어렵다는 것은 사실이다. 전달해야 할 것은, 무한성의 여러 유형들 사이에서 파악되는 변증법에 의거할 때, 먼저 진리들은 실존하는 이상 먼저 다른 모든 것의 예외라는 점이며, 둘째로 어떤 작업으로 실존한다는 점이다. 다른 관점에서 보자면 플라톤 또한 진리를 예외적인 것으로서 선의 이데아로 제시한다. 선의 이데아는 그냥 단순한 이데아가 아니다! 흔히 언급되는 『국가』의 한 구절에 따르면, 선의 이데아는 지위와 힘에서 〔단순한〕 이데아를 훨씬 상회한다.[60] 그럴 수 있는 것은 과연 무엇인가? 부정 신학에서는 그것을 신이라 하는데, 우리는 신에 관해 아무것도 말할 수 없다. 합리주의의 편에서는 모니크 디소(Monique Dixsaut)[61]와 다른 여러 사람들의 해석(이 경우에는 나 자신의 해석 또한)을 찾을 수 있다. 이데아 자체로 환원될 수 없는 이해 가능성(intelligibilité)의 원리가 있음을 증명하는 것으로 이루어지는 해석이다. 이해 가능성의 원리라는 이데아는 당연히 활동이나 창조의 국지적 원리로서의 이데아 너머에(au-delà) 위치하게 된다. 의심의 여지 없이 플라톤에게는 이 "너머(au-delà)"를 개념화할 수단 또한 없었다.

플라톤은 나에게 정초적이며 매우 중요한 인물이다. 그러나 그가 불확실하다는 점은 인정해야 한다. 플라톤은 다른 관점에서의 대화를 선호하는 간접성을 드러내는데,[62] 그런 까닭에 우리는 결코 누가 이야기하는지 그리고 누가 진리를 말하는지 정확히 알 수 없다. 이러한 간접성은 격류처럼 흐르며, 결국 우리는 문제를 충분히 파악하게 되지만 해답은 얻지 못한다. 플라톤이 정확히 어떤 의미를 표명하는지 알 수 없는 것이다. 이는 어느 정도 계획적인 기만이다. 예를 들어 『국가』에서 소크라테스의 대화 상대자들은 소크라테스가 오래전부터 충분히 그들에게 이야기했던 선의 이데아를 정의해야 할 때가 되었다는 언급을 바로 그의 입에서 끌어낸다. 그러니까 소크라테스가 거드름을 피우며 "자네들 내게 너무 많은 걸 요구하는 거야!"라고 말하는 듯한 모습을 보게 되는 것이다.[63]

그러한 방식은 내 취향이 아니다. 나는 오히려 내가 말할 수 있는 것을 최대한 말하려 노력한다. 나는 플라톤에 비하면 보다 단정적이며 불확실함을 덜어 낸 플라톤주의자다. 어쨌든 그러려고 노력한다! 철학에 대한 나의 이해는 바로 전달 불가능하다는 선언에 그칠 수 있을 무언가를 전달하는 것이다. 그러므로 나는 바로 플라톤이 소피스트들에 맞서 싸웠던 것처럼 오늘날의 회의주의와 문화 상대주의와 일반화된 수사에 맞선 전투에 참여한다. 나에게 관건은 진리를 예외의 입장으로 단언하는 것이지만, 그럼에도 허무주의에 상당한 약점을 드러낸다는 구실로 이러한 입장이 전달 불가능하다고 선언하지 않는 것이다.

나는 진리 개념, 더 나아가 진리의 생성에 대한 개별자의 통합을 의미하는, 내가 이념화(idéation)라 명명하는 것이 플라톤 자신에게 나타나는 그대로 전달되기가 그다지 쉽지 않을 수도 있다는 가능성을 열어 둔다. 한편 『국가』에서 철학의 도제 수업을 구성하는 프로그램이 (1) 산술, (2) 기하학, (3) 공간 기하학, (4) 천문학, (5) 변증술임을 관찰하는 것은 매우 흥미롭다. 그런데 변증술에 관한 구절로 말하자면 (모든 사람들이 알아볼 수 있듯) 거의 아무것도 없다! 그러므로 우리는 철학적 도제 수업이 수학과 천문학을 기초로 이루어지며, 따라서 명시적으로 과학의 조건과 관련된다는 점을 특기하는 정도에 그치기로 한다. 이 기초 너머에서 '변증술'[64]은 다른 무언가를 명명한다. 하지만 이 차이는 추상적인 채로 남겨지며, 선의 이데아만큼이나 불명료하다. 그리하여 행복을 과학적 지복으로 환원하라는 유혹을 받게 되는데, 이것은 내가 설득될 수 없는 귀결이다.

그렇다면 각각의 철학자마다 자기의식에서 포착할 수 없는 지점이 있다는 베르그송의 유명한 테제에 찬동해야 할까? 베르그송이 말하는 그대로 "이 지점에 단순한 무엇, 무한히 단순한 무엇, 너무나 단순하기에 철학자가 결코 말하는 데 성공할 수 없었던 무엇이 있다. 그리고 이것이 그가 자기 삶 전체를 이야기하는 까닭이다."

나의 철학에서 이런 종류의 지점을 찾게 된다면, 명백히 행복의 지점일 것이다. 나는 행복의 지점이 오로지 진리의 과정의 실존만이 아니라, 사실상 참된 것의 주체화를 끝까지 사유하는 데 있다는 것을 파악하고 확인한 바 있다. 이것을 나는 통합(incorporation)이라 명명했다. 통합이란 결코 그 대상적 논리로는 파악되지 않으나, 개별자가 참의 몸 되기(devenir-corps)에 통합된 이후 주체의 활동에 참여하는 시간 동안 개별자 자신의 관점에서 다시 파악되는 어떤 것이다. 이러한 통합의 직관은 확실히 우리가 일반적으로 이야기하는 전달의 어려움에서 오는 감정 외에 다른 무엇도 아닌 단독적 정동을 수반한다. 이러한 문제가 아마도 내가 쓰고 있는 책이 다룰 최종 대상이 될 것이다.

그렇지만 단순성이 장애가 된다고 말하기는 망설여질 것이다. 이러한 단순성은 명백히 수학적이라기보다는 생기론적인 양상을 보이는 베르그송의 존재론에서 전형적으로 나타난다. 생기론적 존재론의 근본적인 지점은 운동이나 지속의 순수한 차이에 자리하는 데 있다. 실제로 이곳에서 절대적 단순성을 경험할 수 있으며, 동시에 베르그송 사유의 토대를 찾을 수 있다. 그러나 내 경우처럼 존재론이 수학적일 때 우리는 고유한 복잡성으로부터 공백 외에 다른 기원적 단순성으로 귀착되지 않는 순수한 다수성에서 논의에 착수하게 된다. 공백에 관해서는 달리 말할 수 있는 것이 아무것도 없으며, 이는 당연한 일이다.

결국 나는 경험의 기원적 지점이 있다는 베르그송의 주장에 동의할 것이다. 모든 철학적 교육이 되찾아 전달하려 애쓰는 지점이 존재한다. 그러나 나는 이 지점의 경험이 단순성의 경험이 아니라 복합성에 중심을 둔 경험이라 생각한다. 나는 근본적으로 스피노자에 동의한다. 스피노자가 3종 인식, 곧 직관적이며 절대적인 인식으로 제시하는 예는 한 지점에 응축된 수학적 증명이다.[65] 나도 이를 인정한다. 수학적 증명을 진정으로 이해한다면 더 이상 여러 단계를 거칠 필요가 없으며, 한 지점에 응축된 무언가를 이해하게 된다. 그럼에도 교육에서는 단계들을 밟아 가도록 강제되는데, 왜냐하면 이 지점의 숨겨진 복잡성은 우리가 이를 접하는 방식에 있기 때문이다. 응축된 복잡성과 베르그송에 따른 순수한 단순성은 같은 것이 아니다. 그 결과 행복은 생기론자에게 그런 것처럼 〔생명의〕약동의 단순성에 있는 것이 아니라, 참된 것에 대한 우리의 통합을 이끄는 이념적 지점의 비밀스러운 복잡성에 있으며, 이는 정치적 군중, 사랑의 이중성, 수학적 알고리즘 또는 감성의 형식론을 관건으로 한다.

나는 스스로 생기론자보다는 유물론자이자 플라톤주의자라고 믿는다. 여기에서 나 자신을 매우 놀라게 한 사실에서 출발할 수 있으리라 여겨진다. 알튀세르는 철학의 일차적인 모순이 유물론과 관념론 사이의 모순이라는 견해를 매우 강력하게 주장했다. 하지만 근대적 유물론의 조건에서 이 테제를 끝까지 밀고 나가기 위해, 즉 수학과 근대 과학에 의해 결산된 유물론을 끝까지 밀고 나가기 위해 알튀세르는 "불확정적 유물론(matérialisme aléatoire)"[66]이라는 개념을 도입해야 했던 것으로 보인다. 여러 중대한 이유로 알튀세르는 동시대 모든 유물론에 내재하는 우연의 문제에 불가피한 장소를 마련해야 했는데, 그 이유들 중 가장 눈길을 끄는 것은 양자 역학의 발전이다.

내가 펼치는 유물론적 계획의 통일성에서 다수성들의 대상적 실존은, 이렇게 말할 수 있다면, 불확정적인 것의 가능성에 의해 제한된다. 기존 정세의 상태에서 예상되지도 계산되지도 편입되지도 않는 어떤 것이 돌발할 가능성이 바로 내가 사건이라 말하는 것이다. 여기에는 우발적인 절대 지점 같은 어떤 것이 있는데, 이 절대 지점은 그 자체로부터 시작되는 무언가에 의해 조직되지 않는다는 의미에서 우발적이다. 나는 그러한 우발적 지점 외에 다른 무엇도 필요로 하지 않는다. 사건은 참된 것의 예외를 펼쳐 내기에 충분하다. 그리고 나는 유물론에서 빠져나가지 않으며, 어떠한 본질적인 이유도 유물론이 결정론에 유기적으로 연결되도록 강요하지 않는다. 결정론은 그저 유물론에 관한 가능한 구상들 중 하나일 뿐인 것이다.

유물론의 기원 이래 알려진 그대로 결정론은 불충분하며, 그러한 이유로 원시적 원자론에서 "클리나멘 (clinamen)"[67]이라는 장소도 원인도 없는 원자들의 갑작스러운 일탈이 모든 결정에서 벗어나는 사건을 도입하게 된다.(이에 관해서는 『주체의 이론』에서 상당한 분량을 들여 논했다.) 나는 최초의 합리적이며 영웅적인 유물론자인 데모크리토스, 에피쿠로스, 루크레티우스를 특히 존경하는데, 이들은 신과 미신으로 가득한 세계에 원자와 공백만이 있을 뿐이라는 급진적인 테제를 도입했다. 어쨌든 그들은 원자와 공백만으로 이루어진 세계에서 사건을 연역해 낼 수 없다는 명백한 사실을 인정해야 했다. 순수한 우연의 형태를 취하는 세 번째 항[68]이 필요한 것이다. 결국 "세계 내에는 몸들과 언어들만이 있을 뿐이지만, 그 예외로 진리들이 있다."라는 말로 나는 에피쿠로스적 몸짓을 완성하는 셈이다. 그러나 이 예외는 오로지 그 자체로 사건의 실존에 토대 지어진다. 그리고 사건은 세계의 구조 가운데 [일어날] 불확정적인 것의 가능성과 다른 무엇이 아니다. 사건을 도입하면서 나는 결코 유물론에서 빠져나가는 것이 아니라고 생각한다. 여기에 새로운 이원론이 있다고 판단하는 혹자는 내게 이렇게 말했다. "당신은 예외를 도입하며, 그것은 더 이상 유물론이 아니다." 그러나 예외의 귀결은 전적으로 세계 내에 위치한다는(située) 점이 드러난다. 예외의 귀결은 확연히 구별되는 감성적 평면과 지성적 평면에, 사건의 평면과 세계의 평면에 있는 것이 아니다. 다른 한편으로 나는 플라톤 해석에서 이러한 감각적인 것과 지성적인 것의 이중성을, 그리고 이를 지배하는 속류 플라톤주의를 피할 수 있다는 입장이다. 분명히 플라톤은 이런 방식으로 표현된다. 하지만 플라톤의 불분명하고 음흉한 측면이나 매우 빈번한 이미지의 사용을 잊지 말도록 하자.

사건, 곧 불확정적인 것으로 되돌아가서 어떤 단절의 실존에 관해 강조해야 한다. 단절은 열등한 세계에서 우월한 세계로 이행하는 것이 아니다. 우리는 언제나 동일한 세계에 있다. 단절의 귀결은 물론 단절에 의존하지 않는 무언가에 대해 예외의 지위를 지닌다. 그러나 단절의 귀결은 세계 자체의 일반 논리에 따라 조직된다는 점을 증명해야 할 필요가 있을 것이다. 이 증명은 매번 내게 부과되는 수고이다. 작고한 다니엘 벤사이드 (Daniel Bensaïd)같이 내가 기적적인 요소를 도입한다고 비난하던 내 오랜 마르크스주의자 친구들은 그저 기계론적인 유물론자일 뿐이다. 이미 마르크스나 심지어 루크레티우스조차 그들과 대립했다.

만약 여러분이 기계론에서 벗어난 유물론자일 수

있다면, 이는 변증법을 사용하기 때문이라고 덧붙이도록 하자. 나는 실제로 내 철학적 기획이 변증법의 광범위한 횡단으로 간주될 수 있다고 믿는다. 나는 처음부터 끝까지 진리들의 존재론적 지위가 예외의 지위라는 입장을 견지했다. 구성 가능한 것에 대한 유적인 것의 예외, 평범한 몸에 대한 주체화 가능한 몸의 예외, 몸들과 언어들만이 있을 뿐이라고 속단하는 유물론에 대한 내 유물론의 예외 말이다. 그런데 예외의 범주는 변증법적 범주이며, 예외의 사유는 언제나 모순적인 두 측면에 관해 일어난다. 예외가 평범한 무엇으로 환원될 수 없는 이상 예외를 부정으로 사유해야겠지만, 마찬가지로 기적으로 사유해서도 안 된다. 그러므로 예외를 진리의 과정에 내부적인 것으로(따라서 기적이 아닌 것으로) 사유해야 하며, 어쨌든 진리를 예외로 사유해야 한다. 그리고 그런 것이 결국 행복의 명증성이다. 행복은 한편으로 주체가 되고자 하는 우리 개별자들에게 세계가 만들어 주는 선물과 같은 것이다. 그러나 이 선물은 다른 한편으로 정원 외적이며(surnuméraire),[69] 있을 법하지 않으며,

예외적이며, 그럼에도 세계의 재료가 아닌 그 무엇으로
도 이루어지지 않는 어떤 것이다. 그것은 결국 전적인
유한성에 의해 실험된 잠재적인 무한이지만, 이러한 무
한은 초월적이지 않다. 오히려 반대로 이 무한은 가장
심원한 내재성이다.

그것은 어쩌면 라캉이 "외밀한(extime)"이라는 단
어로 나타내고자 했던 것인지도 모른다. 내밀하면서도
(intime) 동시에 내밀한 것에 외부적(extérieur)이라는 의
미에서 말이다. 그런데 우리는 바로 여기에서 변증법의
핵심에 닿는다. 예를 들어 헤겔에게 어떤 사물의 부정은
이 사물에 내재적이지만 동시에 그것을 넘어선다. 변증
법의 핵심은 분리하지만 동시에 포함하는 작용소로서
부정의 지위이다. 이런 의미에서 나는 끊임없이 변증법
에 의지했으며 특히 고전적 마르크스주의와 그 마오주
의적 발전상에 매우 긴밀하게 연결된 책인『주체의 이
론』에 의지해 왔다고 할 것이다.『주체의 이론』에는 철
학의 네 가지 조건에 관한 일반 이론이 없으며, 다른 한
편으로 사건에 관한 일반 이론도 없다.『존재와 사건』의

근본적인 범주들은 그 책에서 아직 어느 정도 단편적으로 남아 있던 것을 모을 수 있게 할 무언가로서 함축되어 있었을 뿐이다. 그러나 나는 내 철학적 기획의 처음부터 끝까지, 32년 전 『주체의 이론』에서 앞으로 『진리들의 내재성』에 이르기까지 부정에 관한 숙고를 추구한다고 할 수 있을 것이다. 나는 진리와 그 주체의 프로토콜에 따른 변화의 가능성, 곧 어떤 특정한 법칙들의 체제에서 어떤 다른 체제로 이행할 가능성에 관해 매우 간단히 설명하려 한다. 물론 나는 변증법적 사유에 그리고 행복에 관한 변증법적 이론에 의탁하며, 이는 완전한 무한에 의한 유한성의 초일관적 부정이다. 그러나 나의 변증법적 사유는 우연의 형상을 포함하기에, 그것은 비(非)결정론적이다. 나는 헤겔의 변증법이 엄격하게 결정론적이라는 점을 상기한다. 그런 점에서 헤겔 변증법은 19세기의 전형이 되는 중요한 사유이다. 헤겔 변증법은 절대적인 것의 자기 전개를 이 전개의 내재적인 필연성 안에서 비추는 광경이다. 나는 당연히 이 모든 것과 매우 거리가 멀다. 이것이 내가 헤겔과 밀접하면서도 복잡한 관계에 놓이는 이유이다. 앞서 출판된 나의 주저 세 권에서 헤겔이 자세하게 검토되었다는 점을 잊어서는 안 된다. 『주체의 이론』에서는 변증법적 과정 자체가, 『존재와 사건』에서는 무한이, 『세계의 논리』에서는 거기 있음과 거기 있음의 범주들이 주제로 다루어졌다. 『진리들의 내재성』에서 나는 헤겔의 절대적인 것이라는 개념을 중심으로 검토할 것이다. 왜냐하면 완전한 실재적 행복은 명백히 헤겔이나 플라톤에게 그러한 것처럼 나 자신에게도 절대적인 것에 대한 일종의 잠정적인 접근로이기 때문이다. 단 우리들의 생각은 동일하지 않다. 그러니까 나는 줄곧 헤겔과 내밀한 토론을 지속했으며, 마찬가지로 마르크스나 레닌이나 마오 쩌둥 같은 위대한 혁명적 변증가들과도 그랬던 셈이다. 단지 불확정적 요소의 영향으로 나는 고전적인 부정의 원칙들과 정확하게 동질적이라 할 수 없는 단절의 원칙을 도입한다. 이것이 결국 내가 고전 논리, 직관주의 논리, 초일관주의 논리라는 상이하지만 서로 얽혀 있는 세 가지 논리를 활용하게 될 이유였다. 그리고 동시에 나는 진정으로 놀랄 만한 "매우 큰 무한수들"에 관한 이론을 매개 삼아 존재론적 좌표계, 곧 순수한 다수의 사유를 절대적인 것으로 승격시킬 것이다.

내게 철학은 진리들이 있다는 확신에서 시작하는 사유의 교과(discipline, 훈육), 곧 단독적인 교과이다. 그로 인해 철학은 명령과 삶의 통찰로 향하게 된다. 이러한 통찰이란 어떤 것인가? 개별 인간에게 가치가 있으며 진정한 삶을 전달하고 그의 실존을 방향 짓는 것은 이러한 진리들로부터 시작된다. 여기에 전제되는 것은 진리들을 식별하는 장치, 즉 진리들 사이를 통행하며 진리들을 공가능화할 수 있는 매우 복잡한 장치의 구축이다. 이 모든 것은 동시대성의 양식 위에 세워진다.

철학은 바로 이러한 여정이다. 그러므로 철학은 진리들의 실존을 제시하는 삶에서 진리들의 실존을 하나의 원칙으로, 규범으로, 경험으로 삼는 삶에 이른다. 우리는 우리가 살아가는 시대에 무엇을 부여하는가? 철학이란 무엇인가? 무엇이 가치 있는 것인가? 가치 없는 것은 무엇인가? 철학은 경험의 혼란에 정리를 제시하며, 따라서 방향을 이끌어 낸다. 혼란에서 정향(定向)으로 옮겨 가는 이 상승은 전형적인 철학의 활동이며 철학의 고유한 교육이다.

철학의 활동은 진리 개념을 상정한다. 이러한 '진리'는 당연히 다른 이름을 받는다. 우리가 여기에서 '진리'라고 말하는 것은 들뢰즈 저작의 모든 부분에서 "의미(sens)"로 지칭된다. 나는 어떤 철학에서도 내가 '진리'라고 명명하는 것을 찾을 수 있다. 그것은 "선", "정신", "능동적인 힘(force active)", "본체(noumène)" 등으로 명명되었다. 나는 고전주의를 수용하기에 '진리'를 택한다.

그러므로 정리가 필요하다. 필요한 것은 정리하는 장치, 말하자면 진리 개념이다. 우리는 이러한 진리가 진정으로 실존하지만, 그럼에도 기적은 없으며 이러한 초월적인 장치가 반드시 있어야 하는 것은 아님을 보여야 한다. 어떤 철학들은 이러한 초월적 장치를 고수한다. 그러나 이는 결코 나의 길이 아니다. 따라서 단순한 문제로, 곧 최초의 질문으로 돌아가게 된다. 산다는 것은 무엇인가? 존엄하면서도 강렬한 삶, 엄격하게 동물적인 특질들로 환원될 수 없는 삶이란 어떤 것인가? 여기에서 문제가 되는 정동을, 실재적 행복의 정동을 나타내는 삶이란?

나는 철학이 참된 삶을 내재적으로 경험할 수 있다는 확신을 그 구상과 명제에 포함해야 한다고 생각한다. 무엇인가가 철학 자체의 내부에 있는 참된 삶을 알려야 한다. 그저 외부적인 명령이 아니라 칸트적 명령으로서 말이다. 이것은 삶에 살 가치가 있다는 점을 내재적으로 나타내고 보여 주는 정동의 관할에 속한다. 아리스토텔레스에게는 내가 매우 선호하며 기꺼이 받아들이는 "불멸의 삶을 살라."라는 정식이 있다. 이런 정동에는 다른 이름들도 있다. 스피노자에게는 "지복", 파스칼에게는 "기쁨", 니체에게는 "초인", 베르그송에게는 "신성함", 칸트에게는 "존경"……. 나는 참된 삶의 정동이 있다고 믿으며, 이에 가장 단순한 이름인 '행복'이라는 이름을 부여한다. 이 정동에는 희생적인 요소가 없다. 부정적인 것은 그 무엇도 요구되지 않는다. 여느 종교들에서 그렇듯 지금 당장이나 나중에라도 언제든 보상이 주어져야 할 희생 같은 것은 없다. 이 정동은 개별자의 해방감이라는 긍정적 정서이며 동시에 진리의 주체에게 공속된다.

나는 철학자가 행복하다는 점을 입증하고자 하는 믿을 수 없을 정도로 완고한 플라톤의 입장을 아주 최근에야 이해하게 되었다. 철학자는 자신이 철학자보다 행복하다고 믿는 그 누구보다도 행복하다. 부자보다, 향락을 즐기는 사람보다, 참주보다, 그 누구보다 더. 플라톤은 그치지 않고 이 문제를 재론하며 우리에게 셀 수 없이 많은 증명을 제시한다. 오직 이념의 표지 아래 사는 자만이 진정으로 행복하며, 바로 그가 모든 사람들 중 가장 행복한 사람이다. 이것이 의미하는 바는 매우 명확하다. 철학자는 삶의 내부에서 무엇이 참된 삶인지 알기 위한 실험을 계속하리라는 것이다.

그러므로 철학은 세 가지 문제이다. 먼저 철학은 시대의 진단으로, 이를테면 '시대가 제시하는 것은 무엇인가?'를 묻는 것이다. 다음으로 철학은 이 동시대적 문제 제기에 입각한 진리 개념의 구축이다. 마지막으로 철학은 참된 삶에 대한 실존적 경험이다. 이 세 가지의 통일성, 그것이 바로 철학이다. 그러나 어떤 주어진 순간에 철학은 단지 하나의 철학이다. 내가 장차 『진리들의 내재성』을 저술하고 이에 따라 모든 철학의 세 가지 구성 요소의 통일성을 실제로 주장하게 될 때, 나는 이렇게 말할 수 있을 것이다. 철학, 그것은 바로 나 자신이다. 그리고 당연히 평등주의적 측면에서, 내 글을 읽으며 내 글을 읽음으로써 나와 함께 또는 내게 맞서 사유하는 당신들 또한 모두 마찬가지이다. 만일 사유라는 것이 있다면 마찬가지로 땅 위의 경험의 영원이 있으며, 참된 삶에 대한 내재성의 영원이 있기 때문이다. 그러므로 친구와 적을 막론하고 우리 모두는 이 내재성의 행복을 분유한다.

결론

이 책 전체에서 행복에 관한 여러 정의들이 주장되고
반박되었으며, 시험되고 기각되었고 받아들여졌다. 여
기에 내가 진행한 궤적을 요약하는 형태로 21가지 정의
들과 함께 이 정의들이 등장하는 쪽수를 적어 둔다.

1   행복은 진리들에 이르는 모든 통로를 가리키는 틀림
     없는 표지이다.(10쪽)

2   행복은 미덕의 보상이 아니라 미덕 그 자체이다.(스
     피노자, 11쪽)

3   행복은 유한성의 중단을 단언하는 경험이다.(15쪽)

4   행복은 참된 삶의 정동이다.(27쪽)

5 실재적 행복은 '열림'의 주체적 형상이다.(28쪽)

6 실재적 행복은 민주주의의 정동이다.(29쪽)

7 실재적 행복은 새로운 삶의 형식들의 향유이다.(31쪽)

8 완전한 실재적 행복은 시간의 해방을 전제한다.(45쪽)

9 행복은 오직 개별자로서 주체 됨을 받아들이는 자를 위한 것이다.(53쪽)

10 참된 이념의 명령 아래 걸어갈 때 우리는 행복이라는 목적지로 향한다.(56쪽)

11 완전한 실재적 행복은 우연한 마주침에서 나타나며, 행복해져야 할 필연성이란 결코 실존하지 않는다.(64쪽)

12 일정 정도의 절망은 실재적 행복의 조건이다.(66쪽)

13 주체의 효과의 정동, 곧 정치적 열정이나 과학적 지복, 미학적 쾌락이나 사랑의 기쁨 중 어느 것이라도 될 수 있는 그 정동은 언제나 모든 욕구의 만족 너머에서 행복이란 이름에 어울리는 것이다.(68쪽)

14 행복은 언제나 불가능한 것의 향유이다.(86쪽)

15 완전한 실재적 행복은 하나의 충실성이다.(87쪽)

16 주체가 될 능력이 있다고 밝혀진 한 개별자에게 행
    복은 주체의 도래이다.(87쪽)

17 행복은 내재적 예외로서 나타나는 주체의 정동이
    다.(87~88쪽)

18 자유의 진정한 본질, 곧 실재적 행복의 본질적 조건
    은 규율이다.(89쪽)

19 완전한 행복은 유한성에 대한 승리이다.(91쪽)

20 완전한 행복은 무한에 대한 유한한 향유이다.(104쪽)

21 완전한 행복은 어떤 의미에서 의지의 힘으로 획득된
    다.(106쪽)

주

1   이 책의 원제 Métaphysique du bonheur réel은 그대로 옮기
면 '실재적 행복의 형이상학'이다. 형용사 réel은 상황에 따라
실재적인, 실제적인, 현실적인, 진정한 등등으로 옮길 수 있다.
바디우가 굳이 '실재적 행복'이라는 다소 생경한 말을 쓰는 이
유는 그가 말하는 행복이 일반적으로 생각하는 동화적 환상의
행복 혹은 만족과 분명하게 구별되는 것이며, 때로 고통과 수
고로운 노동이 수반되는 것이기 때문이다.

2   플라톤 번역에서 dialectique는 일반적으로 '변증술'로 옮겨진
다. 이 책에서는 대부분 '변증법'이라는 번역어를 사용하며, 플
라톤과 관련해 언급되는 몇 대목에서는 '변증술'로 옮긴다.

3   '에티카'는 윤리학이라는 뜻이며, 이 책의 전체 제목은 『기하
학적 증명의 순서에 따른 윤리학(*Ethica, ordine geometrico demon-*
strate)』이다.

4 『에티카』1부, 부록. "수학——목적이 아니라 오직 도형의 본질과 속성만을 다루는——이 인간에게 진리에 관한 어떤 다른 기준을 보여 주지 않았더라면, 진리는 영원히 인류를 회피했을 것이다."

5 '적합한 관념'은 대상과 관계없이 고찰되면서도 참된 관념의 내재적 특징을 지닌 개념이다. 여기에서 '내재적'이란 관념과 대상의 일치를 특성으로 하는, 관념에 대한 '외부적' 이해가 제거되어 있다는 의미이다.(『에티카』2부, 정의 4) 또한 '적합한'으로 옮긴 adéquate에는 일치, 합치의 의미가 있다. 그런 측면에서 보자면 신의 이념(또는 관념)에 합치하는 관념이라는 의미가 내포되어 있다고 할 수도 있다.

6 정동(affect)이라는 말은 라틴어 어원을 고려할 때 인간의 감정에서 동적인 영향을 받는 부분을 말한다.(라틴어 affectio, affectio-nem은 동사 afficio[영향을 주다, ~에 ~을 하다]의 과거 분사형이다.) 이 말은 감정 중에서 '느낌'의 의미로, '받아들임, 수용' 등 정태적인 부분을 나타내는 '정서(sentiment)'와 구별된다.(sentiment는 라틴어 동사 sentio[느끼다, 받아들이다, 수용하다]에서 온 명사 sentimentum에서 유래했다.)

7 비(非)바보로 옮긴 non-dupe라는 단어는 라캉의 『세미나』21권의 제목인 Les non-dupes errent(직역하자면 '바보 아닌 자들은 방황한다')에서 나타나는데, 라캉의 주요 개념인 Les noms du

père(아버지의 이름)과 발음이 같다. '아버지의 이름'은 상징계의 토대를 만드는 고정점으로, 라캉은 이를 상징계에서 벗어난 정신증자에 관한 설명에 적용한다. 정신증자는 상징계의 고정점인 '아버지의 이름'에서 부재하는 자들이다. 기표들의 연쇄로 이루어지는 상징계는 어떤 의미에서 일종의 환상(fiction)이며, 상징계 안에 있는 자는 상징계의 법 혹은 아버지의 법에 고착(fixation)된 자이다. 그리고 이 바보들의 게임(jeu de dupes)에서 벗어나는 자들인 비바보들(non-dupes)은 고정점이 없기에 방황하게 되는데, 이 방황은 새로운 고정점 혹은 스스로 만들어 내는 새로운 토대에 필요한 조건이다. 바디우는 이를 전유해서, 진리와 이에 따른 참된 삶을 일종의 새로운 고정점으로 간주하고 논의를 진행한다.

8 "Toute pensée émet un coup de dés." 말라르메의 시 「주사위 던지기는 결코 우연을 폐기하지 않으리라(Un coup de dés jamais n'abolira le hasard)」에 등장하는 구절. 이후 이 장에서 언급되는 말라르메의 시구들 역시 이 시에서 나왔다.

9 의사소통은 토론이나 토의 등의 의사소통 일반을 지칭하지만, 방송이나 신문 등의 언론 그리고 SNS(인터넷 기반의 사회적 연결망) 등의 매체와 연관된 말이기도 하다.

10 쉽게 말해서 '이 세계에서 보편성의 물질적 형식은 돈 혹은 화폐'라는 이야기. 이 주장은 마르크스의 『자본』 1권 1편 "상품

과 화폐"의 논의에 바탕을 둔다. 마르크스는 해당 부분에서 상품이 화폐 혹은 통화로 전화하는 과정을 추적한다. 상품의 가치는 사용과 교환의 이중적 성격을 갖는데, 특히 상품의 교환 가치는 구체적 유용 노동을 단순 노동 시간으로 환원한 추상적 노동에 따라 화폐로 산정된다. 따라서 자본주의 시장에서 상품의 가치 실체는 추상적 노동이며, 이에 형태를 부여하는 가치 형식은 화폐로 산정되는 교환 가치. 따라서 우리 시대, 곧 자본주의만이 유일한 잣대인 이 시대에 보편성의 물질적 형식은 돈으로 추상화된 노동이며 가치의 교환을 담보하는 일반적 등가물은 바로 화폐이다.

11 빈 서클은 1924년에서 1936년까지 오스트리아 빈 대학에서 일군의 철학자들과 수학, 논리학, 자연 과학 및 사회 과학 등 각 분과 학문의 학자들이 정기적으로 모여 토론을 벌였던 모임이다. 카르나프의 『세계의 논리적 구조(Der logische Aufbau der Welt)』와 비트겐슈타인의 『논리 철학 논고(Tractatus Logico-Philosophicus)』의 내용은 한때 이 모임의 참석자들이 함께 논의했던 주제였고, 모임에 상당한 영향을 미쳤다.

12 수학으로 말하자면 '연산자'가 된다.

13 '감산되기에'로 옮긴 soustrait는 '벗어나기에', '빠져나가기에'로 번역할 수도 있다. 같은 맥락에서 보통 뺄셈이라는 의미의 '감산'으로 옮기는 soustraction은 또한 '벗어남', '빠져나감' 등

을 뜻한다.

14 『크라튈로스』는 플라톤의 대화편 중 하나다. 이 대화편의 주된 문제는 하나의 이름 혹은 단어가 어떤 주어진 사물을 명명하는 데 정확한 이름이라면, 그 정확성을 담보하는 것은 무엇이냐는 것이다. 이에 관해 제시되는 두 가지 주된 입장은 자연의 본성에 따르는 것과 공동체의 규약에 따르는 것이다. 하지만 소크라테스는 다양한 어원론적 지식을 동원해 이를 검토한 이후, 이름에 대한 지식은 중요하지 않으며, 오히려 진리를 알기 위해서는 언어 이면에 있는 사물 자체의 변치 않는 본성을 탐구하는 일이 중요하다는 결론에 이른다. 이와 관련해 플라톤의 형상 이론이 제시된다. 바디우도 이 대화편에서 제시된 문제에 대한 그 나름의 답을 제시한다. 즉 『존재와 사건』에서 분리 공리에 대한 해설을 통해 "존재가 언어에 선행한다."라는 입장이 개진된다. 바디우에 따르면 존재는 집합론을 통해 나타나는데, 말하자면 어떤 집합의 실존이 선행적으로 전제될 경우에만 언어를 통해 해당 집합에서 부분 집합을 분리해 낼 수 있다는 것이다.(『존재와 사건』, 숙고 3)

15 정지점(point d'arrêt). 상품 유통을 예로 들자면 상품은 화폐 교환의 방식으로 계속 자리를 옮겨 가며 일종의 교환적 연쇄를 만든다. 하지만 이 연쇄는 '반드시' 어딘가에서 시작되어야 하며, 그런 의미에서 연쇄의 최초 지점으로 거슬러 올라갈 때 연

쇄가 끝나는 지점의 존재는 필연적이며 따라서 '무조건적'이다. 연쇄의 체계에서 최초의 지점은 '공백'(또는 공집합)과 같은 것인데(화폐와 무관한 생산물 자체라는 측면에서) 바디우의 관점에서 보자면 (하나의 상황으로 볼 수 있는) 이 유통의 체계에서 '공백의 분출'로 말할 수 있는 '사건'이 다른 정지점이 될 수 있다. 이에 반해 다음 문장에 나오는 '조건 아래' 있는 것들은 '대상, 화폐, 이미지의 유통'이라는 규칙 아래 종속될 수밖에 없다. 정지점은 다음 주석에서 설명되는 고정점과 유사한 개념이다. 이에 관한 보다 정확한 논의는 주석 37 참조.

16 고정점(point fixe 또는 point de fixion)이란 체계를 쌓기 시작하는 출발점이나 토대가 되는 지점을 지칭한다. 고정점은 그로부터 시작되는 체계 자체에 속한다 해도 결코 체계 자체에 의해 근거 지어지지 않기에, 최소한 그 자체의 근거나 기원을 이야기할 모종의 신화와 유사한 '환상'을 필요로 한다. 라캉은 이 환상(fiction)이라는 말과 고정(fixion)이라는 말의 발음적 유사성 그리고 이 지점이 체계 구성의 시작점이라는 점에 착안해 이를 최소한의 환상의 지점(point de fiction)이라 말하기도 한다.

17 '단언하다'로 옮긴 parier는 원래 '돈을 걸다', '도박하다'의 뜻이다. 따라서 해당 문장은 "실존을 걸고 도박을 하며"로 옮길 수도 있다.

18 '유적인'으로 옮긴 générique는 spécifique, 즉 '종적인', '구체

적인', '특수한' 등의 반대 개념을 나타낸다.

19 신약성서에서 예수는 병으로 누워 있는 환자들에게 "일어나 걸으라."라고 말하여 이들을 치유하는 기적을 일으킨다.(마태복음 9:5, 마가복음 2:9, 누가복음 5:23) 이 부분은 또한 신약성서 마가복음 5:21~43에서 예수가 죽음에서 살려 낸 회당장 야이로의 어린 딸에 관한 이야기를 연상시키기도 한다. 예수는 소녀에게 "달리다굼"('소녀야, 일어나라')이라고 말했고, 소녀는 "곧 일어나서 걸어 다녔다."라고 한다.

20 『논리-철학 논고』. 반철학자 비트겐슈타인에 관한 바디우의 고찰을 참고하려면 『비트겐슈타인의 반철학(*l'antiphilosophie de Wittgenstein*)』(박성훈·박영진 옮김, 사월의책, 2015)을 볼 것.

21 오디세우스(Odysseus)의 라틴어식 이름 율릭세스(Ulixes)에서 유래. 여기에서 '이 율리시스'란 당연히 철학자를 지칭하며, 세 이렌은 반철학자를 가리킨다.

22 Objectif에는 '대상적' 혹은 '객관적'이라는 의미가 있다.

23 여기에서 dé-route는 dé(나감)+route(길)로 풀어서 정상성의 길에서 벗어나는 주체적 경로 이탈을 의미한다고 볼 수 있다. 그러나 déroute는 '패배'나 '좌절'을 의미하기도 하기에 중의적인 의미로 읽어야 한다.

24 베케트의 「잘못 보이고 잘못 말해진(Mal vu mal dit)」의 마지막 구절. 『베케트에 대하여』(알랭 바디우, 서용순 옮김, 민음사, 2013)의

번역은 다음과 같다. "……모두 탐닉하기 위해 아직 충분히 남아 있는 이상. 매 순간 게걸스럽게. 하늘 땅 그리고 그 밖의 모든 것. 짐승의 썩은 고기 조각 하나도 더 이상 남아 있지 않은. 뭐 입맛만 다실 수밖에. 아니. 조금만 더. 아주 조금만. 이 공백을 열망할 시간. 행복을 알아 갈 시간."

25 이 책에서 명사 réel은 대체로 우리가 사는 세계 내에서 이미 정해져 있는 무엇을 지칭할 때 '현실', 라캉이 말하는 의미에서 상징계의 잔여와 같은 무엇을 지칭할 때 '실재'로 옮긴다.

26 여기에서 연결은 온라인상의 연결, 그러니까 SNS를 의미한다.

27 이 문장은 생쥐스트의 다른 격언을 상기시킨다. "미덕도 공포도 원하지 않는 그들이 원하는 것은 무엇인가? 그것은 바로 부패다."

28 Occupy Wall Street. 2011년 9월부터 공권력에 의한 강제 해산이 집행된 11월 30일까지, 2008년 금융 위기 이후 악화된 경제 문제와 금융 지배에 항의해 미국 뉴욕의 주코티 공원에서 진행된 점거 시위의 구호이다. 비슷한 시기에 일어난 아랍의 봄에 영향을 받았으며, 이후 유럽으로 전파되었다.

29 주석 15에서도 이야기한 바, 사건은 상황 내에서 어떤 체계의 연속성 또는 (라캉의 용어를 빌려 말하자면) 상징계의 기표 기의 연쇄를 멈추게 할 수 있는 정지점과 같은 무엇이며, 상황의 법칙을 위반한다.

30 2010년 12월 튀니지에서 처음 시작되어 2011년 한 해 동안 아
랍 전역으로 번졌던 저항 운동의 물결을 말한다. 아랍의 봄은
미국과 유럽의 저항 운동에도 영향을 미쳤다.

31 타흐리르(Tahrir)는 아랍어로 '해방'을 의미하며, 타흐리르 광
장은 독재자 무바라크를 축출한 2011년 이집트 혁명에서 중심
적인 장소였다.

32 이 문장에서는 réaliste를 '현실주의자'로 옮겼지만, 바디우는
이 말을 라캉이 말하는 실재(réel)와 연결해서 이야기하고 있다.
즉 불가능한 것으로서의 실재를 요구해야 한다는 것이다.

33 사건의 수식은 $E_x = \{x/x \in X, E_x\}$이다. 여기에서 X는 사건의
장소인데, 사건은 사건의 장소와 사건 자체를 귀속시킨다는 표
현이다. 사건은 자기 귀속을 금지하는 '토대 공리'의 위반이라
는 속성을 지니며, 그 자체로 잠시 나타났다가 사라져 버리기
에 마치 '공백'같이 새로운 상황이나 체계의 토대가 될 수 있다.

34 '동일성'으로 읽을 수도 있다.

35 죽음 충동(프랑스어 pulsion de mort, 독일어 Todestrieb)은 일종의
자기 파괴를 향한 강박적 반복 충동을 의미한다. 『쾌락 원칙을
넘어서』에서 프로이트는 성적 만족을 추구하는 쾌락 원칙(주
어진 여건에 따라 행동하도록 정해진 현실 원칙에 대립된다.)을 탐구한
다. 여기에서 프로이트의 관심은 쾌락 원칙 자체를 압도하는
반복 강박으로 향한다. 프로이트는 이에 관한 임상적 증거와

사변적 추론을 거쳐 생명의 시원과 무생물적 측면, 다시 말해 죽음을 향해 다가가는 정신의 반복적 경향을 하나의 추동력으로 간주하며, 이를 죽음 충동이라 명명하게 된다. 중요한 단어는 '반복'이며, 죽음 충동이란 "상징계적 질서의 가면일 뿐"이라는 점에 주목해야 한다.(라캉, 『세미나 2』) 바디우가 말하는 맥락에서, 이 세계의 상징계적 질서인 시장 자본주의와 그 질서가 발하는 생존 명령에 대한 반복에서 얻게 될 만족은 결코 세계를 변화시키거나 새로운 세계에 이르지 못하고, 실재적 행복 혹은 달리 말해서 진정한 행복에 닿을 수 없음을 상기하게 되기 때문이다.

36 "La vraie vie est absente." 랭보의 시 「지옥에서의 한철」에서 가져온 것이다.

37 『존재와 사건』에서 바디우가 제시하는 수학적 존재론에 따르면 상황(situation)은 일종의 집합적 우주이다. 여기에서 모든 다수는 다른 다수를 원소로 귀속시키거나(∈) 혹은 포함한다(⊂). 이러한 귀속과 포함이 동시에 이루어질 때 두 다수 간에는 정상적인 승계(succession)의 추이성(transitivité)과 이에 따른 위계가 생긴다고 할 수 있는데, 이러한 위계로 인해 집합적 우주에 속한 다수들 간에는 질서가 생긴다. 그런데 이러한 다수들 간의 승계는 무한히 반복될 수 없으며, 어느 단계에서 멈출 수밖에 없다. 정지점이란 이러한 승계가 멈추는 지점이며,

어떤 의미에서 집합으로서의 상황을 정초하는 고정점과 같은 역할을 한다고 할 수 있다. 집합론이 제시하는 정지점은 공백(void) 혹은 귀속된 원소가 없는 공집합이다. (귀속된 원소가 없으므로 더 이상 승계가 일어날 수 없다.) 따라서 상황의 토대는 전체를 아우르는 일자가 아니며, 일자는 오히려 셈의 효과일 뿐이다. (전체 집합은 없다.) 이에 관한 자세한 논의는 바디우의 『존재와 사건』에서 공백의 공리(axiome du vide)를 논하는 숙고 5와 토대 공리(axiome de fondation)를 논하는 숙고 18을 참고할 수 있으며, 보다 개략적인 논의로는 제이슨 바커(Jason Barker)가 쓴 『알랭 바디우 비판적 입문(*Alain Badiou: A Critical Introduction*)』(염인수 옮김, 이후, 2009)과 피터 홀워드(Peter Hallward)의 『알랭 바디우: 진리를 향한 주체(*Badiou: A Subject to Truth*)』(박성훈 옮김, 길, 2016)를 보라.

38 Sans qualitiés. 수학은 물리학, 화학, 생물학 등 여느 자연 과학과 달리 수에 관한 고찰로만 이루어진 과학이며, 그런 이유로 어떤 물질이나 생물의 성질에 관한 연구가 수반되지 않는다. 아리스토텔레스의 '존재로서의 존재'라는 개념 역시 모든 술어 혹은 성질을 제거한 존재 자체에 관한 것이며, 여기에서 존재론과 수학의 유사성이 드러난다.

39 『존재와 사건』은 37개의 숙고들(méditations)로 이루어져 있다. 바디우가 서론에서 말하는 바에 따를 때 이는 그 안에서 펼쳐

지는 사유의 궤적을 조직하는 개념들에 관해 다루는 개념적 숙고들, 철학사로부터 철학자 및 반철학자 들을 소환해서 관련된 사안에 관해 논하는 문서적 숙고들, 존재론 혹은 다시 말해 집합론의 담론들에 관한 철학적 함의를 논하는 메타 존재론적 숙고들로 분류된다. 바디우가 말하는 '대위법'이란 이 세 가지 유형의 숙고들이 마치 바로크 음악의 푸가처럼 서로 얽히는 논의 구조를 만들어 간다는 의미이다.

40 헤겔의 '현존재(Dasein)'에 대한 프랑스어 번역어.

41 미국의 수학자. 칸토어의 연속체 가설이 표준적인 집합론의 공리계에서는 증명 불가능하다는 것을 증명한 공로로 수학의 노벨상이라 불리는 필즈상을 수상했다. 이 증명 과정에서 코언은 강제(forcing)라는 기법을 도입하고 유적인 부분 집합이라는 개념을 제시하는데, 바디우는 이 두 개념에 철학적 의미를 부여한다. 이에 따라 '강제'와 '유적인 부분 집합'은 『존재와 사건』에서 매우 중요한 부분을 차지하게 된다.

42 혹은 '그림자'의 동굴이라고 할 수도 있다. 플라톤의 동굴에 붙들려 있는 자들은 동굴 벽에 비춰지는 불빛에 반영된 그림자를 본다.(플라톤, 『국가』 7권이 시작되는 514a 이하)

43 '강제'는 간단히 말하자면 어떤 원소를 주어진 집합에 강제로 집어넣는다는 의미이다. 자세한 수학적 논의에 관해서는 『존재와 사건』과 피터 홀워드의 『알랭 바디우』를 참고할 것.

44 바디우가 제시하는 진리 절차들 중에 예술은 특이하게도 인간
이 아니라 예술 작품이라는 '주체점'으로 구성된다. 이에 관한
자세한 논의는 바디우의 『비미학』 참고.

45 여기에서 통합(incorporation)이란 진리의 몸(corps)에 대한 통합
을 의미한다.

46 '총합'으로 옮긴 unification은 '합집합' 혹은 '집합의 덧셈'의
의미를 담고 있다.

47 '작용', 곧 opération은 수학적 의미에서 '연산'으로 읽을 수도
있다.

48 '기능', 곧 function 역시 수학의 '함수'로 읽을 수 있다.

49 풀어서 쓰자면 '단독적인 것으로 만드는지'. 『존재와 사건』에
제시된 현시(présentation, 상황에 대한 귀속)와 재현(représentation,
상황에 대한 포함)이라는 작용을 기준으로 한 존재자를 세 가지
로 구분할 수 있다. 존재자는 상황에 대해 현시와 재현이 모두
되는 정상항, 현시는 되지 않고 재현만 되는 돌출항, 재현은 되
지 않고 현시만 되는 단독항으로 분류된다. 즉 단독적인 것 혹
은 단독성이란 상황에 재현(또는 부분으로 포함)되지 않고 그저
현시(또는 귀속)되기만 하는 원소를 말한다.

50 『세계의 논리』에서 지점들(points)이라는 개념은 세계에 속하
며 세계의 몸을 구성하거나, 진리에 통합되어 그 몸을 이루는
국지적 지점들이다.

51 19세기 말에서 20세기 초에 활동한 이탈리아 출신의 문필가.

52 초일관 논리. 모순 허용(inconsistency-tolerant) 논리로 소개되기
    도 한다.

53 브라질 출신의 수학자, 수리 논리학자, 철학자. 초일관 논리 연
    구로 명성을 얻었다.

54 논리식으로 쓰자면, 어떤 명제 p에 관해 p ∧ ~p. 다시 말해 p
    이면 p 아님은 모순이라는 것.

55 논리식으로 어떤 명제 p에 관해 ~(p ∧ ~p). 어떤 명제 p가 참
    인 동시에 거짓이 되는 모순을 허용하지 않는다는 원칙.

56 앞의 주석에서도 언급한 바 있듯 여기에서 상징화되지 않는 지
    점이란 고정점을 말한다. 이러한 고정점 혹은 누빔점은 상징계
    의 피륙을 붙잡고 있는 토대와 같은 것이며 상징계의 환상을
    최소로 공유하기에, 상징계의 질서에 편입되지 않으며 따라서
    상징화되지 않는다.

57 『국가』 6권 마지막 부분에서 플라톤은 소크라테스의 입을 빌
    려, 소위 '선분의 비유'를 펼친다. 인식의 단계는 믿음과 의견
    의 영역인 가시적인 것(모상(상상)과 실물(확신))과 인식의 영역
    인 지성에 의해서라야 알 수 있는 것(수학적인 것(추론적 사고))
    그리고 이데아 혹은 형상들(지성에 의한 앎)로 분리된다. 그런데
    이 중 최고의 단계인 지성에 의한 앎(어떤 의미에서 궁극적인 직관
    과도 같다.)에서 철학자의 혼은 이미지(혹은 모상)를 사용할 수밖

에 없다.(511a)

58 일반적으로 '소크라테스의 변명'이라고 알려진 『소크라테스의 변론』에서 소크라테스는 신성 모독이라는 죄목으로 고발된다. 소크라테스가 자기 내부에 있는 정신 혹은 목소리를 말하는 다이몬이라는 다른 신격을 주장했기 때문이다. 여기에 젊은이들의 정신을 타락시켰다는 항목이 더해진다.

59 있는 그대로의 무한이란 일반적으로 받아들이는 무한이며 잠재적 무한 혹은 가(假)무한이라 말할 수 있다. 진리가 작용하거나 구성되는 장소로서의 무한이란 상황 자체의 무한을 말한다. 진리가 이런 유형의 무한과 다른 유형의 무한에 속한다는 것은, 상황 자체의 부분이지만 강제를 통해 상황을 확장한다는 의미에서, 경계가 더 확장된 다른 차원의 무한에 속한다는 것이다.

60 『국가』 6권 505a에서 선의 이데아는 가장 큰 배움이며 다른 모든 올바른 것들도 이것으로 인해 유익을 얻는다고 언급된다. 그리고 지식과 진실이 중요하지만 선은 보다 중요한데, 선은 존재가 아니지만 지식과 진리를 제공하기에 존재보다 우월하다.(508e~d) 7권에서 '동굴의 비유'를 이야기하는 부분에도 선의 이데아에 관한 이야기가 있다. 동굴 바닥의 불빛의 그림자만 보던 영역에서 사물의 실체를 직접 볼 수 있는 영역으로 올라가는 이동을 가시적인 영역에서 지성적인 영역으로의 상승

이라 비유할 때, 선의 이데아는 최종적인 단계에서야 볼 수 있는 어떤 것이라고 언급한다.(517b) 소크라테스의 입을 빌린 플라톤의 서술에 따를 때, 선의 이데아는 볼 수 있는 어떤 것이 아니라, 볼 수 있게 하는 빛의 근원(태양)과 같은 어떤 것이다.

61 파리 1대학 철학과 석좌 교수, 고대 그리스 철학 연구자.

62 플라톤은 선의 이데아에 관해 말하지만 결코 그 자체를 직접 설명하지 않는다는 의미이다.

63 『국가』 506e.

64 혹은 '변증법'.

65 『에티카』 2부 정리 40의 주해 2. 스피노자는 여기에서 간단한 수학적 계산을 예로 드는데, 이런 계산은 직관적으로 답을 구할 수 있다. 바디우의 말 그대로 이러한 직관은 '응축된' 2종 인식이다.

66 '불확정적'이라는 번역어를 쓰기는 했으나 aleatoire에는 원래 주사위 던지기나 도박과 관련된 '도박적', '사행적'이란 의미가 있다. 따라서 '불확정적 유물론'이라는 표현은 '도박적 유물론'으로 옮길 수도 있다.

67 데모크리토스의 원자론에서 원자들은 정해진 행로에 따라 위에서 아래로 떨어진다. 하지만 이 경우 원자들은 그 자체로 존재할 뿐, 서로 부딪히지도 관계하지도 않기에 운동이나 다양한 사물들의 생성으로 귀결될 수 없고, 우주는 결정론에 따라

정해질 뿐이다. 이에 대한 반론으로 에피쿠로스는 원자가 어떤 경사에 따라 정해진 경로를 벗어날 수 있으며, 이에 따라 원자들 간 충돌과 교섭이 일어난다고 논한다. 본문의 클리나멘이란 바로 여기에서 언급된 '기울어진 운동 성향'을 의미한다.

68   클리나멘을 지칭한다.

69   정해진 수를 벗어나며.

철학은 사랑과 행복에
직면해야 한다*

왜 우리는 '행복'이라는 범주를 다시 심문해야 할까요? '실재적인' 행복에 관해 이야기하는 이유는 무엇입니까?

사실을 말하자면 오늘날 선전되는 행복의 범주란 대체로 제가 만족이라 말하는 것으로 격하됩니다. 만족이 그리는 행복의 형상은 본질적으로 지정된 장소, 즉 있는 그대로의 세계 속에서 정해진 장소를 어떻게 보존할 것인지 묻습니다. 저는 '실재적'이라는 단어에 방점을 찍음으로써, 가능한 한 어떠한 모험도 하지 않으며

---

* 『행복의 형이상학』이 프랑스에서 출간된 이후 알랭 바디우의 인터뷰. 질다 르댕(Gildas Le Dem)의 진행으로 《르가르(Regards)》(2015년 4월 17일)에 실렸다.(http://www.regards.fr/web/article/alain-badiou-la-philosophie-doit)

특히 어떠한 위험도 떠안지 않으려 하는 행복, 그저 상상적인 행복과 대비시킵니다. 제 생각에 현대인이 그리는 행복은 사실상 위험을 감수하지 않는 행복, 보장이 동반되는 행복입니다. 이 새로운 행복의 마케팅 구호는 '조화'인데, 예를 들자면 세상과의 조화, 친구나 파트너와의 조화로운 관계를 말하는 것이죠. 여기에서 행복의 이상형은 예전에는 '가정의 평화'라고 불렸던 것입니다. 부부 생활이란 누구나 잘 아는 것처럼 오히려 지난하고도 위태로운 모험이지만요. 오늘날 행복은 설정된 장소를 점유하는 것으로, 예컨대 만족스러운 직장, 매력적인 배우자와 아이를 얻는 문제로 환원됩니다. 물론 누구라도 실직의 경험을 맛보길 바란다는 이야기는 아닙니다. 완전히 바보 같은 생각이겠죠. 다만 철학이 등장한다면 바로 이러한 질문이 그 전략적 지점일 것입니다. 행복은 만족으로 환원될 수 있을까요?

철학의 고전적인 몸짓이군요. 그러한 몸짓이 어떤 의미에서 새로운 것을 가져올까요?

실제로 나는 이 책 『행복의 형이상학』에서 고전적인 몸짓을 재개합니다. 철학과 행복의 관계는 실존한다고 단언하는 것이죠. 이는 명백히 고대의 현자들 이래 플라톤이나 스토아학파 철학자들에게 현존하는 테제입니다. 그러나 이 몸짓에서 우리가 받아들이는 것이자 시대를 벗어나도록 남는 것은, 행복에 대한 자연 발생적인 이해를 흐트러뜨리며 이탈시키는 철학의 발상입니다. 자연 발생적인 이해란 현실 사회에서 지배적인 이해를 말합니다. 일단 자연 발생적인 것은 대체로 규약화되어 있어서, 사회는 우리에게 이를 명백한 것으로 받아들이게 합니다. 이런 이유에서 철학은 행복을 문제 삼을 때 사회적으로 지배적인 의견과 불화를 일으키게 되는 것입니다. 플라톤 시대에는 소피스트들이, 오늘날은 잡지나 심리학 입문서들에서 만드는 그런 의견들 말입니다. 또한 행복이 철학에 의해 심의되고 토론되는 것은 철학의 다른 문제들과는 달리 행복은 공유되는 문제이기 때문입니다. 실로 '존재로서의 존재는 무엇인가?', '수학적 진리는 있는가?' 같은 질문에 관해서라면 직장 동료들과 함께 논의하기는 어려울 것입니다. 저는 이 문제들을, 그 역사나 또는 이론적 필요성을 무시하는 것이 아닙니다. 그러한 철학적 문제들은 보다 일반적인 차원의 질문에 이르는 데 필수 불가결한 이론적 장비와 골조를 이루고 있죠. 하지만 철학은 그에 머무를 수 없습니다. 철학은 사랑이나 행복같이 우리가 함께 나누는 문제들에 직면할 필요가 있습니다. 철학은 결국 일반적인 열망에 속하는 질문들에 관심을 가져야 하며, 그러지 않는다면 동료들 사이에서 철학만을 위한 공간에 한정된 문제들을 토론하는 아카데미적 분과학에 지나지 않습니다. 철학은 지배적인 관념들에 대립할 때, 전선에 서게 됩니다.

행복을 정의하는 데 예외라는 범주를 동원하는 이유는 무엇인가요?

행복의 이해에 관한 면밀한 검토에 들어간다면, 그 즉시 행복의 예외적 지위에 관한 문제를 검토하게 됩니다. '평범한 만족으로 환원되지 않는 실재적 행복이 실존의 일반적 법칙이 아니라, 예외의 지위로 기입되는 선택과 계기에 의해 구성되는 것은 어째서인가?' 근본적으로, 행복이 예외적이라는 점이 은폐되거나 가려진다 해도, 일반적으로 사람들은 행복이 희소하다는 점에 관해 충분히 널리 퍼진 이해를 공유합니다. 이 사안에 관해서 사랑에는 내가 주저하지 않고 서정적이라고 말하는 극도의 중요성이 있습니다. 사랑, 열정, 마주침은 실존의 예외적인 계기들로 인식되며, 누구나 이 계기들이 진정으로 행복이라 불릴 법한 무언가를 향해 신호를 보낸다고 느낍니다. 당연히 누구나 전적으로 불행해지기를 바라지는 않습니다. 그러나 불행하지 않다는 사실을 두고 실재적 행복이라 선언하기는 요원한 일입니다. 행복은 단순히 불행의 부정일 수 없으며, 삶의 선물이나 증여는 만족의 차원을 넘어섭니다. 삶의 선물을 받으려면 반드시 상당한 각오를 해야만 하며, 위험을 감수할 준비가 되어 있어야 합니다. 이것은 중요한 실존적 선택입니다. 오로지 만족에만 열린 삶이냐, 아니면 예외로서의 행복을 비롯해 행복의 위험을 받아들이는 삶이냐? 그리고 이것은 정치적인 문제이기도 합니다. 오로지 불행을 거부하는 데 순응할 것이냐, 아니면 행복을 구하는 모험을 감행할 것이냐? 전자는 '신철학자'라 불렸던 자들이 제시한 보수적 테제이죠. 그에 따르면 사람들의 합의는 오로지 불행에 반대할 뿐 행복을 시야에 두지 않습니다. 그러나 생쥐스트는 완전히 혁명적인 방식으로 "행복은 유럽에서 하나의 새로운 개념"이라고 선언했습니다.

행복이 벤야민의 방식으로 '다른 시간'과 연결되는 까닭을 설명해 주십시오.

벤야민은 시간으로 짜인 개념을 제시합니다. 벤야민에 따르면 여러 시간들이 있습니다. 유일한 공통적인 시간이 아니라, 때로 서로 모순되기도 하는 뒤얽힌 시간성들이 있다는 것이지요. 그런데 정치적인 측면에서 보는 시간을 비롯해서 행복의 시간이 평범한 시간성을 초과하며 어떤 의미에서는 파괴하기도 한다는 점은 명백합니다. 베르그송과 상대성 이론이 탄생한 20세기는 철학적으로 볼 때 시간적 다수성을 탐색하는 시대였습니다. 바로 이런 틀 속에 행복의 문제가 자리합니다. 수학, 예술, 정치, 사랑과 관련한 진리들에 고유한 시간, 곧 주체화의 행복한 시간은 평범한 시간의 흐름 안에는 위치할 수 없는 사건의 귀결에 영향을 받습니다. 주체화의 행복한 시간은 필연적으로 단절과 파열의 시간이자 예외의 시간입니다. 사랑하는 연인들은 세계에서 유일하다고 선언되는 것을 볼 때, 이런 이야기는 본질적으로 상식에 부합하죠. 세계에서 유일하다는 것, 다시 말해 이 한 쌍을 구성하는 시간에서 유일하다는 것은 이들이 평범한 시간을 더 이상 공유하지 않는다는 것입니다. 이 것이 실재적 행복의 일반적인 특징입니다. 고독 속에서 문제를 푸는 수학자에게도 마찬가지입니다. 그렇다면 이러한 조건들에서 집단적 행복은 어떻게 구성될까요? 열정은 정치적 행복에 대응하는 정동인데, 그 이유는 열정이 새로운 시간의 분유를 나타내기 때문입니다. 열정은 개인들이 그저 역사에 따르는 데 그치지 않고 주체가 되어 역사를 만들어 갈 수 있는 계기를 명명합니다. 그러므로 열정은 역사를 만들 수 있으며 역사는 우리의 것이라는 확신을 공유하는 것입니다. 프랑수아즈 프루스트(Françoise Proust, 벤야민의 역사 철학에 대한 성찰을 담은 『시간에 반하는 역사(*L'Histoire à contretemps*)』를 썼다.)가 선언한 바 "역사는 유한하지 않다."라는 확신 말입니다. 이는 힘과 시위를 분유하는 일이지만, 또한 아랍의 광장들에서 볼 수 있듯 정치적 행동주의라고 적절히 이름 붙여진 것을 구성하는 노고에서 나타나는 예외 상태를 유지하는 일이기도 합니다. 굳이 말하자면, 정치적 행복은 끝없는 집회들, 새벽에 써 내리는 전단들같이 진 빠지는 일이기도 하다고 증언할 수 있겠습니다. 불행히도 같은 이유에서 전일제로 일하는 혁명가가 만들어지며, 때로는 직업적인 간부들이 나오기도 하지만요…….

그런데 선생님은 스스로 이러한 조직적 작업과 실천에 '규율'이 필요하다고 쓰셨습니다.

먼저 인정해야겠군요. 나는 도발적으로 규율이라는 단어를 사용합니다. 마찬가지로 '공산주의'라는 말도 쓰는데, 이 말이 동시대 정치에서 가장 혐오되는 개넘이기 때문입니다. 나는 사람들이 정치의 사건적 힘을 보전하려 한다는 점을 이해합니다. 그러나 내가 보기에 정치적 지속성의 구축은 예외의 규율을 요구하며, 정치적 단절에 의해 부여된 에너지로 충분히 감당할 수 없는 시간적 지속성을 요구합니다. 결과적으로 규율에 따르는 창조를 전제하는 발명들이 이어져야 하겠지요. 다른 예로 화가가 실험과 창조 속에서 고독에 이르기까지 자신에게 부과하는 것으로 규율을 이해해도 괜찮을 것입니다. 어떤 수학자가 문제 풀이에서 자신에게 부과하는 엄격한 규율도 마찬가지겠지요. 스스로 예외 안에 위치하는 이상, 필연적으로 자신에게 고유한 규칙이나 원칙을 창조하는 데 이르게 될 것이고, 이런 의미에서 규율은 자유와 식별 불가능해집니다. 이러한 규율을 매번 발명해야 합니다.

마찬가지로 '충실성'이라는 개념은 어떤 의미에서 쓰는 것입니까? 충실성이란 정치적이기보다는 윤리적인 개념 아닌가요?

충실성이라는 단어에는 부정적인 의미가 있습니다. 배신하지 않는다는 것이지요. 그러나 나에게 충실성은 비(非)배신이라는 부정의 의미로 정의될 수 없습니다. 사건에 충실하다는 것은 말하자면 사건의 단절의 힘을 재개하는 새로운 무엇인가를 발명하거나 제시하는 것입니다. 보존의 원칙이 아니라, 운동의 원칙이 있을 뿐이죠. 충실성은 언제나 최초의 단절에 대한 것이며 도그마나 교설 또는 정치적 노선에 대한 것이 아닙니다. 충실성은 단절 자체에서 지속되는 창조를 지시합니다. 이에 반해 보수적인 충실성은 최초의 사건의 의미에 순응하지 않는다는 이유로 누군가를 적으로 간주하거나 배제하고, 심지어 제거할 것을 주장하죠. 이러한 충실성은 본질적으로 사건의 의미에 대한 일종의 대상성을 수반한다고 볼 수 있습니다. 사건에 대한 충실성이 요구하는 주체적 관여에 대해, 무기력하며 무관심한 충실성인 것이죠. 이런 의미에서 충실성은 윤리적이라기보다는 논리적인 개념입니다. 최초의 주체적 관여와 정합성을 유지하면서도, 서로 정치적 친구라고 간주되는 사람들 사이의 집단적 논의를 거친다는 점에서 그렇습니다. 이것은 하나의 문제를 공유하는 동시에 참과 거짓을 규정하고 식별해 낼 절차들 또한 공유하는 수학자들의 공동체와 다르지 않습니다. 정치의 요체는 친구들 간의 동의라는 잠정적이지만 핵심적인 조건하에 적들과 대면하는 것일 뿐입니다. 충실성이 나타내는 것은, 공동의 논의에 들어가는 자들이 그들 사이에 모순이 있다면 결코 이 모순을 적들에 대한 모순과 동일시해서는 안 된다는 의무를 지는 것입니다.

정치에서 테러라고 불리는 것의 기원이 여기에 있는 것 아니겠습니까?

모든 모순을 계급의 적들과의 사이에 나타나는 적대적 모순이나 계급 모순과 동일시하는 것은 언제나 재앙으로 이어집니다. 19세기 공포 정치의 불행은 오직 계급 모순이라는 유일한 모순이 있을 뿐이라고 생각했던 것입니다.(바디우는 이 문제에 관해 『잃어버린 실재를 찾아서(*À la recherche du réel perdu*)』(Fayard, 2015)에서 보다 정확하게 논한다. 이 책은 실재적이라는 말의 반동적 사용에 관해 물으며 또한 파솔리니(Pasolini)의 시 「그람시의 재(Les cendres de Gramsci)」에 관한 훌륭한 독해를 제공한다. ― 게재지 주)

우리는 오히려 토론이 필요한 시간만큼 지속되어야 한다는 점을 끊임없이 상기해야 하며, 정치적 모순은 언제나 집단 내부의 것이고 친구들 사이에서 해결되어야 한다는 점을 이해해야 합니다. 그런 관점에서 볼 때 조급함은 정치에 해롭습니다. 20세기 공산주의의 공포정치는 잔인한 인물로 여겨지는 개인들보다는, 행복과 완전히 적대적인 극단적 조급함과 조심성과 불신의 혼합에서 나온 것입니다. 스탈린에 대해서는, 극단적인 폭력으로 토지의 공유화에 착수한 동시에 적이 도처에 있다고 생각했다는 점을 지적하는 것으로 충분합니다. 우리는 다른 영역들과 마찬가지로 정치의 영역에서도 신뢰하고 인내해야 합니다. 인내를, 그리고 시간에 기회를 주는 법을 알아야 하는 것이죠.

행복은 하나의 새로운 개념이다

1.

행복이란 삶에서 중요한 가치이다. 우리는 누구나 제각기 행복하기를 바라며 자기 행복의 증진을 도모한다. 매년 행복을 수치로 매긴 각 국가의 행복 지수 이야기가 나오는 것은 아마도 그런 이유 때문일 것이다. 대한민국 사회는 어떤가. 40만 명의 공무원 시험 준비생들이 미래의 만족스러운 삶을 위해 오늘도 학원가에서 현재를 저당 잡히고, 지하철 스크린도어의 비정규직 수리공들이 열악한 노동 환경에서 죽어 나간다. 현실은 좌절감과 우울로 (그리고 자신이 못난 탓에 결코 행복해질 수 없다는 '자괴감'으로) 뒤덮여 있다. 특히 과거와 같은 신분 상승의 꿈 없이 과도한 교육비와 임대료를 떠안은 젊은이들에게는 좌절감이, 은퇴를 앞두고 있거나 퇴직한 이후 경제적 곤란에 처해 '이런 꼴을 보려고 젊음을 국가 발전에 바쳤는지' 묻는 기성세대에게는 우울이 팽배해 있다.

이런 정황에서 한 가지 분명한 것은 모두가 불행하다는 사실이다. 다시 말해 불행이 공유되고 있다. 그리고 반대로 뒤집어 보자면, 바디우 자신이 말하는 그대로, 행복 역시 공유되는 무엇이라 말할 수 있을 것이다. 행복이란 단순한 개인적 만족과는 다르다. 개인적 욕구를 충족하는 데에서 오는 만족은 오직 자신의 생존을 추구하는 동물적 차원에 머무른다. 반면 행복은 진리를 구성하는 주체를 위한 것이며, 이런 의미에서 행복은 분명히 만족과 구별된다. 인간의 벌거벗은 생명 자체에서 오는 개별적 욕구와 달리, 어떤 공유된 차원을 이야기할 수 있는 가치인 것이다.

2.

이 책 『행복의 형이상학』은 바로 이런 공유된 가치 혹은 정동으로서 행복을 다룬다. 하지만 우리는 즉시 이런 질문에 직면하게 될지도 모른다. 왜 철학이 행복을 말하는가? 행복이란 일종의 감정 또는 감정적 동요를 말하는 정동의 차원에 있는 것이며 철학, 곧 일반적으로 알려진 그대로 세계의 구성을 탐구하는 존재론이나 인간의 합리적 인식을 다루는 인식론과는 거리가 멀다. 그렇다면 바디우가 말하는 행복의 형이상학이란 말에는 어떤 의미가 있단 말인가? 감정적 동요란 잠시 지속될 뿐인데, 이에 대해 형이상학적 의미를 말하는 것이 과연 가당하기나 한 일일까? 특히 '실재적' 행복의 형이상학은 무슨 의미인가?

이 문제를 검토하기 위해 바디우 철학에 관해 간략히 살펴보기로 하자. 질문에 대한 답부터 제시하자면 행복이란 진리와 주체의 정동이라고 간단히 말할 수 있다. 그러나 일견 간단해 보이지만 결코 그렇지 않은 이 대답을 다시 살피자면 먼저 진리와 주체가 무엇인지 알아야 행복을 이야기할 수 있다는 결론에 이르기 때문이다.

우선 바디우의 『존재와 사건』을 들여다보자. 『존재와 사건』에서 바디우는 수학적 존재론, 정확히 말하자면 집합론을 이용해 존재자의 구조를 설명하고 이로부터 벗어나는 사건 진리 주체를 제시한다. 존재는 근본적으로 일자가 아니라 다수이며 "공백"에 기원을 둔 무엇이지만, 우리 인식은 공백을 포착할 수 없다는 한계가 있기에 존재자를 인식하는 데 필수적인 "하나로 셈하기"라는 구조화에 따른다. 이 첫 번째 셈하기를 "현시"라 하며 집합론의 셈하기에서는 "귀속"으로 설명할 수 있는데, 개략적으로 이러한 구조화의 결과를 "상황"이라 한다.(단순하게 말하자면 상황은 우리가 일반적으로 이야기하는 '사회'와 유사하다.) 하지만 이 구조 내에는 언제나 방황하는 공백이 상존하며, 이 공백을 잡아내기 위해 다시 한 번 하나로 셈하기를 거쳐야 한다. 이것을 "재현"이라 하며 부분 집합의 셈하기인 이 셈하기는 집합론의 셈에서 "포함"으로 말할 수 있다. 개략적으로 이러한 이차적

184

인 구조화 기제를 (상황의) "상태/국가"라 한다. 이와 같이 존재의 구조는 탄탄하고 공고하게 짜여 있지만, 그 속에는 언제나 공백처럼 결코 떳떳하게 겉으로 드러낼 수 없는 "원소들"이 있다. 마치 우리 사회에서 국가와 공권력의 힘에 억압되고 있는 세월호 유가족이나 농민들의 권리를 주장하다 희생당한 백남기 농민, 시민으로서 권리를 인정받지 못하는 노동자나 성소수자 등과 같은 원소들이 말이다.

사건이란 바로 상황 안에서 공백과 같이 취급된 원소들이 모두 표면으로 분출되는 계기이며, 상황을 구성하는 존재의 법칙을 벗어나는 무엇이다. 하지만 사건은 곧 사라지며, 남는 것은 이 사건을 선언하고 사건에서 기인하는 과정으로서 진리를 구성하는 주체들이다. 말하자면 진리는 존재의 법칙에서 벗어나는 것이며, 진리를 구성하는 주체들은 기존 상황에서는 받아들여지지 않던 "새로운 것들"과 이를 위한 조건으로서의 "유적인 부분 집합"을 상황에 "강제"해서 기존의 상황을 확장해 나간다. 그리고 진리에 대해 잊지 말아야 할 사항은 존재가 다수이듯 진리 또한 다수이며(정치, 과학, 예술, 사랑) 결코 결정되어 굳어진 것이 아니라 하나의 과정으로서 언제나 변질의 가능성을 지닌다는 점이다.

『존재와 사건』의 후속이라 할 수 있는『세계의 논리』에서 하는 이야기도 기본적으로 다르지 않다. 단 존재의 층위가 아닌 "나타남"(혹은 "외현") 내지는 헤겔이 말하는 존재론적 '논리'의 층위에서 세계 내에 나타나는 "실존"을 다룬다는 점에 차이가 있다. 실존은 바디우가 세계의 선험성이라 명명하는 강도의 체계에 따라 최소에서 최대에 이르는 강도를 지니는데, 세계 내에서 나타나는 대상들과 그 사이 관계들 또한 그렇다. 그리고『세계의 논리』에서 사건이란 이러한 대상들과 관계들의 배치에 변화를 일으키는 것으로, 대상들 가운데 최소의 실존값을 지니기에 마치 무(또는『존재와 사건』에서의 공백)와 같던 어떤 것이 최대의 실존값을 갖게 되는 승화를 지칭한다. 어떤 대상의 최소 실존에서 최대 실존으로의 변화를 유발하는 변동(사건)에도 강도가 있다. 작은 강도의 미세한 사건 또는 세계 내에서 기존의 배치를 반복적으로(또는 규칙에 따라) 바꿔 나가는 가짜 사건이 있고, 세계 자체의 규칙을 근본적으로 변화시키는 진짜 사건이 있다. 결국 진리를 만들어 내는 사건은 바로 후자의 최대 강도로 나타나는 사건이다. 이때 진리는 세계 내에서 구체적인 물성을 지닌 "몸(corps)"으로 나타나며, 주체는 이러한 진리의 몸에 대한 "통합(incorporation)"을 통해 진리를 구성하는 요소가 되는 것이다. 실제로 각각의 진리 절차에 대한 개별적 정동 또는 행복의 종류를 처음으로 이야기하는 것이 바로 『세계의 논리』이다. 문제는 바디우가 이에 관한 구체적인 논의를 향후의 과제로, 말하자면 『행복의 형이상학』에서 언급하는 것처럼 『존재와 사건』 시리즈의 세 번째 권이 될 『진리들의 내재성』으로 미루어 놓고 있다는 점이다.

이상 간략히 논한 『존재와 사건』과 『세계의 논리』에서 바디우는 먼저 존재의 관점에서 상황 속에 새로운 것을 더하는 진리와 주체를 조망하며, 다음으로 나타남과 논리의 관점에서 세계 내에서 진리의 몸으로 구성되는 주체들을 살핀다. 그리고 바디우가 예고하는 세 번째 책『진리들의 내재성』은 바로 진리의 입장(달리 말해 주체의 입장)에서 사건과 존재(상황) 또는 나타남(세계)을 조망할 것이다. 행복은 바로 진리와 주체의 정동이며, 정치에서는 열정, 과학에서는 지복(또는 발견이나 발명의 황홀경), 예술에서는 즐거움(또는 쾌락), 사랑에서는 기쁨으로 언급된다. 이에 따라 철학이 다룰 행복이란 증대하는 욕구의 충족, 반복적 충동이 이어지는 연쇄의 체계에서 벗어난 진리와 주체가 얻게 될 정동인 것이다. 행복의 형이상학, 좀 더 분명하게 원제의 강조를 살려 '실재적' 행복의 형이상학이 나타내는 의미는 이를 통해 분명히 드러난다. 행복은 집합적 진리의 정동이자 진리의 몸에 그 구성 요소로 통합된 주체들의 정동이므로, '실재적'이라는 말은 존재나 나타남의 차원에 속하는 기존의 상황이나 세계의 관점에서 결코 포착할 수 없는 '실재'와 같은 새로움, 곧 진리와 그 주체를 강조하는 말이다. 따라서 실재적 행복의 형이상학이란 진리와 주체의 자리를 획정하는 데 예비 단계로 동원된 존재론과 논리학(또는 후설이 아니라 헤겔의 의미에서 현상학) 그리고 이를 통해 구성된 주체의 이론을 이전의 작업들과 다른 관점에서 조망하며 다른 방식으로 지칭하는 말이다.

3.

그렇다면 철학과 행복은 어떻게 연결되는가? 여기에서 플라톤의 『국가』를 이야기하도록 하자. 본문에서 언급하듯 바로 이 대화편에서 철학과 행복 사이 연결 고리를 발견할 수 있기 때문이다. (최근에 바디우는 플라톤의 『국가』를 번역해서 냈는데, 이 번역은 자신의 철학적 관점에 맞춰서 집필했다고 할 수도 있는 새로운 해석이다.)

플라톤의 대표작인 『국가』는 마치 액자 소설같이 한 사람이 다른 사람에게 자신의 기억을 전달하는 방식으로 펼쳐진다. 플라톤의 두 형인 글라우콘, 아데이만토스와 함께 아테네 인근에 위치한 항구인 피레우스로 국가의 축제를 구경하러 나갔던 소크라테스는 상인 폴레

마르코스의 초대를 받아 그의 집으로 향한다. 그곳에서 소크라테스는 폴레마르코스의 아버지이자 30년간 제조업으로 부를 쌓은 케팔로스라는 노인과 함께 이런저런 이야기를 나누게 되는데, 대화의 주제는 노년의 평안이나 미덕, 비록 노년의 것이라 하더라도 어쨌든 좋은 삶과 행복이다.

물론『국가』는 한 도시 국가의 구성과 지배 방식, 그리고 무엇이 올바름(정의)인가를 검토하는 대화편이다. 하지만 이야기는 개인의 행복 또는 인간 '영혼의 좋은 상태(eudaimon)'에서 시작해서 개인에게 올바름이 무엇인지를 검토한 후, 보다 사회적 차원으로 확장해서 국가 차원의 정의와 이상 국가의 구성에 관한 논의로 옮겨 간다.(정의란 강자의 편익에 복무하는 것일 뿐이라는 소피스트 트라시마코스의 주장과 그에 대한 소크라테스의 반박이 여기에서 나오는데, 자세한 이야기는『국가』를 직접 읽고 확인하자.) 이후 국가와 철학자에 관한 여러 다른 대화가 이어지지만, 지금 '행복'을 다루고 있는 우리에게 중요한 사안은 플라톤이 보기에 철학자야말로 가장 행복한 자라는 점이다. 분명 행복은 사회 전반과 관련된다. 지배자의 행복 그리고 영혼의 좋은 상태는 사회 전반의 정의(正義)에 필수적인 사항이다. 그리고 그 지배자는 철학자이며, 그런 의미에서 철학과 행복은 연결 고리를 갖는다.

종래의 철학에서 진리란 철학의 진리이며, 진리를 보유한 주체란 철학자일 수밖에 없다. 하지만 진리와 주체란 철학과 철학자에게만 해당하는 것인가? 그러니까 행복은 철학자만이 독점하는 무엇인가? 그럴 경우 진리는 일종의 독점적 폭력이 된다. 철학자는 지배자 또는 지배자에게 통치술을 제공하는 자인데, 오직 철학자에게만 진리가 있다면 진리는 독점적인 일자의 폭력에 정당성을 제공하는 근거 외에 무엇이란 말인가? 역사에서 철학자가 권력에 복무한 여러 사례를 찾을 수 있다. 나치스에 동조해서 전체주의에 복무한 하이데거의 전력을 거론하지 않는다 해도, 우리 역사에서 유신 정권에 복무해 '국민 교육 헌장'의 작성에 참여한 박종홍 같은 철학자의 사례를 찾는 일은 그리 어렵지 않다. 그래서 철학은 왕의 통치술과 다름없는 종래의 정치로 돌아가는 길일 뿐이란 말인가?

4.

이 문제에 대한 바디우의 해결책은 바로 일자를 부정하고 다수의 우위를 강조하는 다수의 플라톤주의다. 플라톤과 결별하지만 플라톤 자신보다 더 플라톤적인 철학을 구축하는 바디우의 경로는 일종의 귀향 서사라 할 수 있다. 바디우는 이를 호메로스 서사시 『오디세이아』의 한 장면에 빗대어 서술하기도 한다. 그가 언급하는 율리시스(또는 그리스어 이름으로 오디세우스)는 진리의 돛대에 자신을 결박하고 세이렌의 노래처럼 매혹적인 반철학의 시험을 견뎌 내는 철학의 율리시스다.

그렇다면 바디우에게 특권화되는 탁월한 반철학자 라캉의 네 가지 담론을 활용해서 이 여정을 살펴보도록 하자. 주인 담론, 대학 담론, 히스테리증자 담론, 분석가 담론 말이다.

처음에 철학은 '주인 담론'의 위치에 선다. 전통적으로 철학은 모든 지식의 근원이 되며 자기 충족적인데, 그 자체로 투명한 의미와 일의적 진리를 담지한다. 그러나 철학의 주체는 불완전한 주체(빗금 쳐진 주체)이다. 그가 추구하는 지식이 실재에 있어 일종의 환상, 곧 결코 완전해질 수 없는 부분을 가진 전체라는 환상이기 때문이다.

한편 본문에서 바디우가 말하는 오늘날의 철학 가운데 "해석학적 흐름"과 "분석적 흐름"과 "포스트근대적 해체의 흐름"은 '대학 담론'에 위치한다. 흥미로운 것은 동시대 철학의 이 세 흐름이 실제로 소피스트적 담론과 같은 역할을 한다는 점이다. 이러한 흐름 각각에게 종래 철학의 자기 폐쇄적이자 자기 충족적인 진리는 존재의 본래 의미를 가두는 것이거나, 부정확한 언어의 사용이기에 과학적 언어 규칙(혹은 언어 게임의 규칙)을 강제해야 할 것이거나, 맥락과 입장에 따라 달라지는 다양한 의미가 내재하는 것이다. 세 흐름에서 중요한 것은 지식이며, 이 지식이 결코 전체가 되지 못하는 종래 철학의 환상을 공격한다. 철학은 "일반화된 수사"이자 하나의 특정한 분과학이자 지식으로(다시 말해 다른 하나의 '의견'으로) 격하되며 그 효과는 진리와 주체의 상실이다. (어쩌면 이러한 소피스트적 주박을 7년 동안이나 율리시스를 붙잡아 놓았던 칼립소에 비견할 수 있을지도 모르겠다.)

이와 대각에 있는 자리, 즉 '히스테리증자 담론'에는 반철학이 위치한다. 바디우에 따르면 반철학자란 철학의 종언을 주장하는 특정한 종류의 철학자들이다. 반철학자들의 주장은 원래 주인으로서 자기 충족적인(그러나 전체가 될 수 없는 부분 대상을 내포한) 철학을 향해 제기되는 철학의 자기 충족적 시효가 끝나지 않았느냐는 물음이다. 물론 반철학자 역시 철학자이므로, 반철학자들이 말하는 철학의 종언은 철학 자체의 소멸을 목표로 하기보다는 자신의 앎에 따른 새로운 진리를 주장하고 자신만의 철학을 세우기 위한 빈자리를 마련하려는 의지, 기존의 것에 대한 파괴의 욕망을 반영한다. 반철학은 분명 소피스트적 담론과 달리 진리를 확고하게 고수한다. 그런 점에서 반철학자들은 철학자들과 같다. 하지만 그 진리는 오직 자신만의 진리이며, 반철학이 철학의 자리를 차지할 때 자신이 비판한 철학과 동일한 상태로 돌아갈 수도 있다는 문제를 안고 있다.

바디우의 철학은 이 두 가지 담론을 경유한 '분석가 담론'에 위치한다. 철학은 더 이상 일자적 진리를 선언할 수 없으며 심지어 진리를 보유할 수도 없다. 철학은 소피스트적 담론과의 대화를 통해 일자적 진리를 부정하고, 다수적이며 어떤 실체도 될 수 없는 진리(정치, 과학, 예술, 사랑의 네 가지 진리 절차)를 받아들이며, 반철학과의 대화를 통해 결코 전체가 될 수 없으며 부분일 뿐이지만 의지를 통해 확고히 지속되는 진리와 이를 지탱하는 주체를 인정한다. 분석가 담론에서 바디우 철학의 주체는 진리를 만들어 내는 행위자가 아니라 사건과 그 이후 나타나는 진리에 의해 만들어지는 대상의 자리에 선다. 심지어 철학마저도 그 자체의 진리를 보유하는 무엇이 아니며, 오히려 다수의 진리가 철학의 성립에 필수적인 조건이다. 그리고 그 효과는 주인 기표의 사라짐,

해방, 즉 모두가 모두와 평등해지며 결코 누군가에게 독점되지 않는 철학의 전달과 토론이다.

따라서 이런 여정을 거쳐 수정된 철학에서, 행복은 플라톤에게 그랬던 것과는 달리 철학자만이 독점하는 정동이 아니다. 바디우의 뒤집힌 플라톤주의에서 행복은 주체들 간에 평등하게 분유될 수 있는 정동이자 민주주의적으로 토론되어야 할 가치이며, 바디우가 말하는 그대로 주체가 될 가능성은 인간 동물 누구에게나 열려 있다.

5.

다시 우리 사회의 정세에 대해서 이야기해 보자. 2016년 9월 말부터 터져 나오기 시작한 박근혜 대통령과 측근 비선 세력에 관한 소식들은 대한민국의 국민들을 실망시켰다. 세계적인 극우화의 흐름과 함께 우리는 이제 합리성이 사라진 시대, 국가 발전이라는 이름으로 그동안 당연시되었던 근대성이 무너져 내린 암울한 포스트근대, 다시 말해 데카당스의 시대와 함께하게 될지도 모를 일이다. 어쨌든 11월의 광장은 분명히 대통령의 퇴진이라는 방향을 지시한다. 시민들로 가득한 광장의 외침은 어떤 방식으로든 대통령이 자기 직을 내려놓는 쪽으로 압력을 작용할 것이다. 이 광장은 또한 대중의 부정적 정동들, 보수 정권 9년간 상승한 삶의 불안정성에 대한 고뇌와 권력 핵심부에서 지속된 부정·적폐(積弊)에 대한 분노가 분출되는 광장이다. 하지만 대통령 퇴진만 실현되면 모든 것이 좋아지고 모두가 행복해지는 것인가?

단절이, 그리고 방향 전환이 필요하다. 한국 사회에서 자격 없는 집권자와 그를 비호하는 정치인들, 경제인들을 만들어 낸 것은 우리 안에 내재하는 속도 중심의 발전주의 신화, 금권주의와 속물적 성공 지상주의가 뒤얽힌 독재 권력의 신화였다. 이러한 사회상은 플라톤 철학이 시작되던 시기의 고대 아테네와 비견된다. 소크라테스가 등장해 "검토되지 않은 삶은 살아갈 가치가 없다."라는 금언을 남겼던 시기는 아테네의 대외적 팽창주의와 대내적 성공 지상주의가 정점에 이른 시기였고, 소크라테스 사후 플라톤 철학이 정립된 것은 펠로폰네소스 전쟁에 패배해 국가가 위기에 처한 시기였다. 철학은 위기가 닥친 시대에 나타나 먼저 개인적인 면에서, 그리고 다음으로 국가적인 면에서 삶의 방향을 돌아보도록 사람들에게 호소했던 것이다.

철학의 호소는 오늘날에도 여전히 유효하다. 바디우가 인용하는 "행복은 하나의 새로운 개념"이라는 생쥐스트의 말은 행복이란 변화를 받아들여 지금 우리가 따라 살아가는 기존의 방향과 다른 삶이 있음을 확신할 때 얻을 수 있는 정동임을 가리킨다. 행복은 언제나 새롭게 발명되어야 하며, 이 발명을 통해 이전에는 생각할 수 없었던 새로운 집단과 그 집단에서 작동하는 규율을 만들어 내는 데 있다. 그리고 이 집단 속에서 규율이란 또한 자유이며 자신의 규율을 지탱하기 위한 의지이기도 하다. 바디우의 철학은 그 어느 철학보다 이를 분명하게 보여 준다.

6.

글을 마치며 도움을 주신 여러 분들에게 감사의 말을 짧게나마 전하고 싶다. 먼저 책의 작업 중에 여러 조언을 해 주신 서용순 선생님께 감사의 말씀을 드린다. 바디우 철학에 관한 선생님의 가르침이 없었다면 이 작은 작업은 불가능했을 것이다. 편집을 맡아 준 민음사 편집부에도 감사한다. 번역 작업을 반복할 때마다 편집자의 손을 거치지 않으면 내 보잘것없는 문장이 도저히 이해할 수 없는 문장으로 남을지도 모른다는 생각을 하게 된다. 물론 그럼에도 책에 남아 있을 오역은 오롯이 번역자로서 내 자신의 책임이다. 혹이라도 발견하게 된다면 나중에 고칠 수 있는 기회가 있기를 바란다. 그리고 마지막으로 심적으로나 물적으로 후원을 아끼지 않는 우리 가족들과 친지들에게 감사한다.

2016년 11월, 경주에서

박성훈

옮긴이 박성훈

번역가, 아마추어 철학 연구자. 철학 및 신학 관련 서적들을 번역하며, 주로 바디우 철학에 관심을 두고 번역 작업을 진행하고 있다. 옮긴 책으로는 바디우의 『행복의 형이상학』과 『검은색』, 테드 W. 제닝스의 『예수가 사랑한 남자』, 『데리다를 읽는다/바울을 생각한다』, 피터 홀워드의 『알랭 바디우: 진리를 향한 주체』 등이 있고, 함께 옮긴 책으로는 지그문트 바우만의 『이것은 일기가 아니다』, 바디우의 『비트겐슈타인의 반철학』이 있다.

행복의 형이상학

1판 1쇄 펴냄 2016년 12월 5일
1판 3쇄 펴냄 2020년 5월 18일

지은이 알랭 바디우
옮긴이 박성훈
발행인 박근섭, 박상준
펴낸곳 (주)민음사

출판등록 1966. 5. 19. (제16-490호)
주소   서울시 강남구 도산대로1길 62
         강남출판문화센터 5층 (06027)
대표전화 02-515-2000 팩시밀리 02-515-2007
www.minumsa.com

한국어 판 © (주)민음사, 2016. Printed in Seoul, Korea

ISBN 978-89-374-3363-4 (03100)